思维导图
高效记忆古诗词

张 维 谢庆平 编著

中国纺织出版社

内 容 提 要

诗歌非常具有画面感，用思维导图的方式背诵古诗，能够将思维具象化，从而加强记忆力。

本书将新课标要求小学生背诵的75首古诗按照顺序进行注释、译文和赏析，并绘制出对应的思维导图，利用思维导图的特性，通过关键词、颜色、图像等有效元素，最大限度地帮助学生更快速、准确、有趣地背诵古诗词。学习思维导图全球授权讲师张维的绘制方法，利用大脑对图形更持久记忆的特性，孩子们通过回忆古诗词对应的思维导图，不但记得快而且记得牢，更能理解古诗的神韵。

图书在版编目（CIP）数据

思维导图高效记忆古诗词／张维，谢庆平编著. —北京：中国纺织出版社，2019.6 （2020.6重印）
ISBN 978-7-5180-6004-7

Ⅰ.①思… Ⅱ.①张… ②谢…Ⅲ. ①古典诗歌—中国—小学—教学参考资料 Ⅳ.①G624.203

中国版本图书馆CIP数据核字（2019）第049432号

策划编辑：郝珊珊　　责任校对：楼旭红　　责任印制：储志伟

中国纺织出版社出版发行
地址：北京市朝阳区百子湾东里A407号楼　邮政编码：100124
销售电话：010 – 67004422　传真：010 – 87155801
http：//www.c-textilep.com
E-mail：faxing@c-textilep.com
中国纺织出版社天猫旗舰店
官方微博http://weibo.com/2119887771
北京通天印刷有限责任公司印刷　各地新华书店经销
2019年6月第1版　2020年6月第2次印刷
开本：710×1000　1/16　印张：14
字数：198千字　定价：68.00元

凡购本书，如有缺页、倒页、脱页，由本社图书营销中心调换

前言1：关于本书内容

本书按照新课标要求，将《小学必背75首古诗》按顺序进行解析，并绘制出思维导图，通过关键词、颜色、图像等有效元素，可最大限度帮助学生更快速、准确、有趣地进行古诗词的学习。本教材搭配千聊网络课程一并销售，购买教材的读者可添加微信领取课程优惠券一张。

前言2：什么是思维导图？

　　思维导图，是由四个简单的汉字组合而成，顾名思义：思即是思想、思念、考虑的意思，此处的思是要我们用心思考；维即是维度、角度的意思，我们是通过什么角度来思考的，或者我们还能够通过什么角度来思考呢？导即是引导连接的意思，我们的想法是相互关联的，将相互关联的想法连接在一起就是我们所思考的内容了；图即是一种表现形式，思维导图可以用图形或者网络等不同的可视化方式进行体现。

　　通过对思维导图四个字的解读，我们可以用一句话来说明思维导图：思维导图即是一种可视化思维器。它可以将我们大脑中的任何想法以可视化的方式呈现出来，便于我们梳理思路、提取信息。

前言3：阅读说明

标题、朝代、作者

6 咏 柳

（唐）贺知章

碧玉妆成一树高，
万条垂下绿丝绦。
不知细叶谁裁出，
二月春风似剪刀。

原文

注释

碧玉：碧绿色的玉。这里用以比喻春天嫩绿的柳叶。

妆：装饰，打扮。

一树：满树。一：满，全。在中国古典诗词和文章中，数量词在使用中并不一定表示确切的数量。下一句的"万"，就是表示很多的意思。

绦（tāo）：用丝编成的绳带。这里指像丝带一样的柳条。

裁：裁剪。

似：如同，好像。

字词解释

古诗翻译

译文

高高的柳树长满了翠绿的新叶，轻柔的柳枝垂下来，就像万条轻轻飘动的绿色丝带。

这细细的嫩叶是谁的巧手裁剪出来的呢？原来是那二月里温暖的春风，它就像一把灵巧的剪刀。

精彩点评

赏析

这是一首咏物诗，诗人运用新颖、奇妙的比喻生动地描绘了柳树的形象，赞美了春天的勃勃生机，使人们感受到盎然的春意。诗的前三句都是描写柳树的。首句"碧玉妆成一树高"是写整体，说高高的柳树像是碧玉装饰的。用"碧玉"形容柳树的翠绿晶莹，突出它的颜色美。……

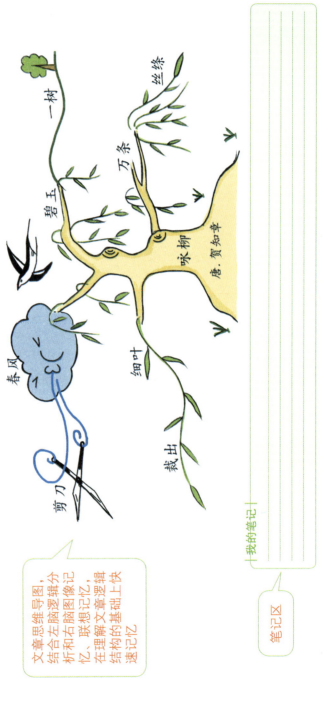

思维导图与记忆 标题联想定桩：6~勺子：勺子挖开了一片柳树（咏柳）的树皮，并盖上一个印章（贺之章）。

标题定桩记忆，借助数字编码，快速记住标题、作者，在大脑中有序储存和提取，轻松做到全书顺背、倒背、抽背。

文章思维导图，结合左脑逻辑分析和右脑图像记忆、联想记忆，在理解文章逻辑结构的基础上快速记忆

我的笔记

笔记区

目 录

1 江 南

汉乐府

江南可采莲，
莲叶何田田。
鱼戏莲叶间。
鱼戏莲叶东，
鱼戏莲叶西，
鱼戏莲叶南，
鱼戏莲叶北。

注 释

汉乐府：原是汉初采制乐的官署，后来又专指汉代的乐府诗。汉惠帝时，有乐府令一官，可能当时已设有乐府。武帝时乐府规模扩大，成为一个专设的官署，掌管郊祀、巡行、朝会、宴飨时的音乐，兼管采集民间歌谣，以供统治者观风察俗，了解民情厚薄。这些采集来的歌谣和其他经乐府配曲入乐的诗歌即被后人称为乐府诗。

可：这里表示"适宜""正好"的意思。

田田：荷叶茂盛的样子。

戏：游玩，嬉戏。

译 文

到了江南可以采摘莲子的时候，茂盛的荷叶在江中生长。鱼儿在莲叶间嬉戏。鱼儿一会儿在荷叶东边嬉戏，一会儿在荷叶西边嬉戏，一会儿在荷叶南边嬉戏。一会儿又在荷叶的北边嬉戏。

赏 析

　　诗词开头两句是写采莲的人们望着露出水面的又大又圆的荷叶，心里无限喜悦，因而禁不住发出热烈的赞美。"江南可采莲"是说江南到处都生长着莲，真是采莲的好地方。"何田田"就是"何其田田"，是极度赞美的语气。这里只写叶，我们却可以联想到花。莲的花期为阴历五至七月，每朵花可开二至三天，每日清晨开放，下午三四点又逐渐闭合，次日早晨再度开放，花开过二十天，可采收莲蓬生食，果实（莲子）的成熟期在七八月间。清人张玉穀说："不说花，偏说叶；叶尚可爱，花不待言矣。"莲叶茂密，莲花繁盛，不仅景色无比秀丽，还表明莲子必然丰收，采莲人自然心里非常高兴。

　　人们在采摘水上的莲蓬的时候，必然会看到水中的情景。"鱼戏莲叶间"写鱼在莲叶中间游来游去，宛如在游戏一般。"戏"字写鱼在水中的迅捷欢乐神态，非常形象。这里既在写鱼，也有以鱼比人的意思，采莲人划着小船在莲叶间穿行，互相追逐嬉戏，宛如鱼儿在水中游动，其划船动作之娴熟，船行之轻快，采莲人身姿之轻盈、心情之欢快，自然浮现在我们眼前。下面四句又用东西南北这四个方位字，反复咏唱，描绘出鱼儿久久不去，围绕莲叶四面游动的动人画面。对鱼儿欢乐嬉戏的反复歌咏，表达出采莲人的愉快心情。

　　鱼儿清晰可见，不仅表明池水很清，还表明天气晴朗。在夏秋间晴朗的一天，清澈的池水，映着碧绿的莲叶，晚开的莲花，姑娘们美丽的衣服，和她们那花朵般的笑脸，空气中洋溢着莲蓬的清香；她们欢笑着，嬉戏着，一边采摘莲蓬，一边唱着采莲歌，最后采满船舱，唱着欢乐的歌，满载而归——这是一幅多么动人的图景！

　　这首诗只用了一句写采莲，主要通过对莲叶和鱼儿的描绘，来表达人们采莲时的愉快心情。末尾连用四个叠句，不但不使人感到重复，还使全诗的节奏显得更轻快，更能表现采莲人的兴高采烈。清代诗人沈德潜称它为"奇格"，艺术表现手法非常独特。唐代文学家陆龟蒙曾用它的末五句作为首句，写成五首《江南曲》，可见它的影响和人们对它的喜爱。

思维导图与记忆 标题联想定桩：1-树：一棵树下有条江，江里有个指南针（江南），指南针还会发出音乐（汉乐府）。

蓮叶

采蓮

江南 汉乐府

鱼戏

东

蓮叶间

北

西

南

2　长歌行

汉乐府

青青园中葵，朝露待日晞。
阳春布德泽，万物生光辉。
常恐秋节至，焜黄华叶衰。
百川东到海，何时复西归？
少壮不努力，老大徒伤悲。

注释

长歌行：汉乐府曲调名。

葵：冬葵，我国古代重要蔬菜之一，可入药。

晞：天亮，引申为阳光照耀。

阳春：温暖的春天。

布：布施，给予。

德泽：恩惠。

秋节：秋季。

焜黄：形容草木凋落枯黄的样子。

华：同"花"。

衰：为了押韵，这里可以按古音读作"cuī"。

徒：白白地。

百川：河流。

译文

早晨，园中有碧绿的葵菜，晶莹的朝露等待在阳光下晒干。春天把幸福的希望洒满了大地，所有生物因此都呈现出一派繁荣生机。常常担心肃杀的秋天来到，花和叶都变黄衰败了。千万条大河奔腾着向东流入大海，什么时候才能再向西流回来？如果年轻力壮的时候不知道图强，到了老年头发花白，一事无成，悲伤也没用了。

赏析

　　这是汉乐府古诗中的一首名作。诗的前四句，向我们描绘了一幅明媚的春景，园子里绿油油的葵菜上还带着露水，朝阳升起之后葵菜又沐浴在一片阳光中。世上的万物都在享受着春天大自然雨露的恩惠而焕发出无比的光彩。可是，秋天一到，它们都要失去鲜艳的光泽，逐渐枯黄衰落。大自然的生命节奏尚且如此，更何况人生呢？人间就像大江大河的水向东流入大海一样，一去不复返。一个人如果不趁着大好时光去努力奋斗，而让青春白白地浪费，等到年老时后悔也来不及了。

　　诗中运用了一连串的比喻，从"园中葵"说起，再用水流到海不复回的打比方，说明光阴如流水，一去不再回。全诗由眼前青春美景想到人生易逝，借此鼓励青年人要珍惜时光，不断奋进。

思维导图与记忆 标题联想定桩：2-鸭子：一只小黄鸭边唱歌（长歌行）边走进了（汉乐府）。

长歌行 汉乐府

朝露
万物
园中葵
阳春
焜黄
秋节
百川
不努力
伤悲
复西归

3 敕勒歌

北朝民歌

敕勒川，阴山下。
天似穹庐，笼盖四野。
天苍苍，野茫茫，
风吹草低见牛羊。

注 释

敕勒：种族名，北齐时居住在朔州（今山西省北部）一带。

川：平原、平川的意思。

阴山：在今内蒙古自治区北部。

穹庐：用毡布搭成的帐篷，即蒙古包。

野：古代读yǎ。

苍苍：青色。

茫茫：辽阔深渊，无边无际。

见：同"现"，显现，呈现。

译 文

美丽的敕勒大草原，位于阴山脚下。天空像那圆圆的大帐篷，笼罩着整个草原。蓝蓝的天空广阔无边，绿茵茵的草原一望无际，风儿吹过，草儿起伏，显露出成群的牛羊。

赏 析

这是一首敕勒人民传唱的民歌，原文是鲜卑语，后翻译成汉语。它歌唱了大草原的景色和游牧民族的生活。开头两句"敕勒川，阴山下"，交代敕勒川位于高耸云霄的阴山脚下，将草原的背景衬托得十分雄伟。接着两句"天似穹庐，笼盖四野"，敕勒族人用自己生活中的"穹庐"做比喻，说天空如毡制的圆顶大帐篷，盖住了草原的四面八方，以此来形容极目远望，天野相接，无比壮阔的景象。这种景象只在大草原或大海上才能见到。最后三句"天苍苍，野茫茫，风吹草低见牛羊"是一幅壮阔无比、生机勃勃的草原全景图。"风吹草低见牛羊"，一阵风儿吹弯了牧草，显露出成群的牛羊，多么形象生动地写出了这里水草丰盛、牛羊肥壮的景象。全诗寥寥二十余字，就展现出我国古代牧民生活的壮丽图景。这首诗具有北朝民歌所特有的明朗豪爽的风格，境界开阔，音调雄壮，语言明白如话，艺术概括力极强。

相传这首民歌是北齐人斛律金所唱。当时作者是在何种情形下完成这首诗的，我们只能根据诗中描绘的场景去猜想了，但可以肯定的是，作者一定非常熟悉草原牧民的生活，所以能准确地抓住特点，用简单明了的语言唱出了草原的辽阔和牛羊的繁盛，唱出了大草原的壮美景色，取得了很好的艺术效果，致使千百年来传唱不衰。

思维导图与记忆 **标题联想定桩：** 3—耳朵：耳朵听到了"吃了"的北朝民歌。

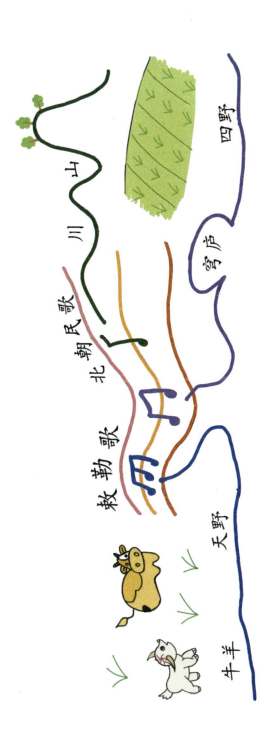

敕勒歌

北朝民歌

山

川

穹庐

四野

天野

牛羊

我的笔记

4　咏　鹅

（唐）骆宾王

鹅，鹅，鹅，
曲项向天歌。
白毛浮绿水，
红掌拨清波。

注 释

曲项：弯着脖子。

歌：长鸣。

拨：划动。

译 文

白天鹅啊白天鹅，脖颈弯弯，向天欢叫。洁白的羽毛，漂浮在碧绿的水面上；红红的脚掌，拨动着清清水波。

赏 析

小时候的骆宾王，住在了义乌县城北的一个小村子里。村外有一口池塘叫骆家塘。每到春天，塘边柳丝飘拂，池水清澈见底，水上鹅儿成群，景色格外迷人。有一天，家中来了一位客人。客人见他面容清秀，聪敏伶俐，就问他几个问题。骆宾王皆对答如流，使客人惊讶不已。骆宾王跟着客人走到骆家塘时，一群白鹅正在池塘里浮游，客人有意试试骆宾王，便指着鹅儿要他以鹅作诗，骆宾王略略思索便创作了此诗。诗的第一句连用三个"鹅"字，这种反复咏唱方法的使用，表达了诗人对鹅的热爱，增强了感情上的效果。

第二句写鹅鸣叫的神态，给人以声声入耳之感。鹅的声音高亢嘹亮，一个"曲"字，把鹅伸长脖子，而且仰头弯曲着嘎嘎嘎地朝天长鸣的形象写得十分生动。这句先写所见，再写所听，极有层次。

　　以上是写鹅在陆地上行进中的情形，下面两句则写鹅群到水中悠然自得游泳的情形。小诗人用一组对偶句，着重从色彩方面来铺叙鹅群戏水的情况。鹅儿的毛是白的，而江水却是绿的，"白""绿"对照，鲜明耀眼，这是当句对；同样，鹅掌是红的，而水波是青的，"红"青映衬，十分艳丽，这也是当句对。而两句中又"白""红"相对，"绿"青相对，这是上下对。这样，回环往复，都是对仗，其妙无穷。

　　在这组对偶句中，动词的使用也恰到好处。"浮"字说明鹅儿在水中悠然自得，一动不动。"拨"字则说明鹅儿在水中用力划水，以致掀起了水波。这样，动静相生，写出了一种变化美。

思维导图与记忆 标题联想定桩：4-红旗：红旗被扛在鹅（咏鹅）的肩膀上，去拜见骆驼王子（骆宾王）。

咏鹅

唐·骆宾王

鹅 鹅 鹅

曲项

歌

白毛

红掌

波

水

我的笔记

5 风

（唐）李峤

解落三秋叶，能开二月花。
过江千尺浪，入竹万竿斜。

注释

解落：吹落，散落。《淮南子·时则训》："季夏行春令，则谷实解落。"解：解开，这里指吹。

三秋：秋季。一说指农历九月。

二月：农历二月，指春季。

过：经过。

译文

能吹落秋天金黄的树叶，能吹开春天美丽的鲜花。刮过江面能掀千尺巨浪，吹进竹林能使万竿倾斜。

赏析

这是一首描写风的小诗，它是从动态上对风的一种诠释和理解。风无形，空气流动形成风；但它又是有形的，一阵微风掠过，小草含笑向人们点头，花儿在风中摇曳着，变着法儿撒欢儿，炊烟随着风的节奏跳起直上重霄的舞蹈，纤细的柳枝轻拂着树下游人的脸庞。这首诗能让人看到风的力量。如果把诗题盖住，这首诗就是一则谜语，这是此诗的一大妙处。风是无形的，风又是实在的，我们看不到风，却能感受到风。秋风能扫尽落叶，春风能催开鲜花，风能激起千层浪，风能吹得万竹斜。看不见、摸不着、闻不到的"风"在作者笔下，变得形象生动，读后仿佛满纸是飒飒的风声，似乎手可以捧、鼻可以闻、耳可以听。

思维导图与记忆　标题联想定桩：5-钩子：钩子钩住了一个风车（风），挂在了木桥（李峤）上。

我的笔记

6 咏 柳

（唐）贺知章

碧玉妆成一树高，
万条垂下绿丝绦。
不知细叶谁裁出，
二月春风似剪刀。

注释

碧玉：碧绿色的玉。这里用以比喻春天嫩绿的柳叶。

妆：装饰，打扮。

一树：满树。一：满，全。在中国古典诗词和文章中，数量词在使用中并不一定表示确切的数量。下一句的"万"，就是表示很多的意思。

绦（tāo）：用丝编成的绳带。这里指像丝带一样的柳条。

裁：裁剪。

似：如同，好像。

译文

高高的柳树长满了翠绿的新叶，轻柔的柳枝垂下来，就像万条轻轻飘动的绿色丝带。

这细细的嫩叶是谁的巧手裁剪出来的呢？原来是那二月里温暖的春风，它就像一把灵巧的剪刀。

赏析

这是一首咏物诗，诗人运用新颖、奇妙的比喻生动地描绘了柳树的形象，赞美了春天的勃勃生机，使人们感受到盎然的春意。诗的前三句都是描写柳树的。首句"碧玉妆成一树高"是写整体，说高高的柳树像是碧玉装饰的。用"碧玉"形容柳树的翠绿晶莹，突出它的颜色美。第二句"万条垂下绿丝绦"

是写柳枝，说下垂披拂的柳枝犹如丝带万千条，突出它的轻柔美。第三句"不知细叶谁裁出"是写柳叶，突出柳叶精巧细致的形态美。三句诗分写柳树的各部位，句句有特点。而第三句又与第四句构成一个设问句。"不知细叶谁裁出？"——自问；"二月春风似剪刀。"——自答。这样一问一答，就由柳树巧妙地过渡到春风。说裁出这些细巧的柳叶，当然也能裁出嫩绿鲜红的花花草草。它是自然活力的象征，是春的创造力的象征。这首诗就是通过赞美柳树，进而赞美春天，讴歌春的无限创造力。

思维导图与记忆　标题联想总定桩：6~勺子：勺子挖开了一片柳树（咏柳）的树皮，并盖上一个印章（贺知章）。

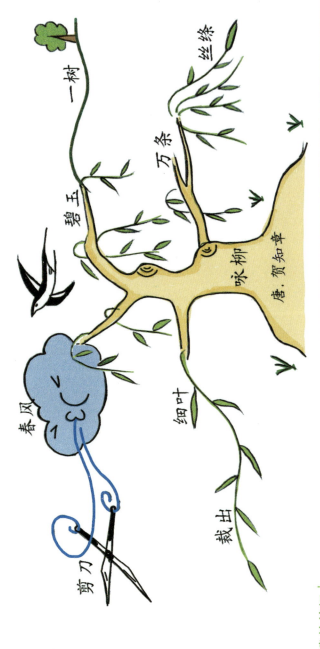

一树　丝绦　万条　碧玉　咏柳　唐·贺知章　细叶　春风　裁出　剪刀

7　回乡偶书

（唐）贺知章

少小离家老大回，
乡音无改鬓毛衰。
儿童相见不相识，
笑问客从何处来。

注 释

偶：说明诗写作得很偶然，是随时有所见、有所感就写下来的。

少小离家：贺知章三十七岁中进士，在此以前就离开家乡。回乡时已八十六岁。

乡音：家乡的口音。

无改：没什么变化。一作"难改"。

鬓毛：额角边靠近耳朵的头发。

衰：疏落。

相：带有指代性的副词。相见，即看见我；不相识，即不认识我。

译 文

年少时离开家乡老了才回来，家乡的口音没改而两鬓的头发已花白。孩子们看见了个个都不认识，笑着问我这个远方的客人是从哪里来？

赏 析

贺知章在公元744年（天宝三年），辞去朝廷官职，告老返回故乡会稽永兴时已八十六岁，这时，距他中年离乡已有五十多个年头了。人生易老，世事沧桑，心头有无限感慨。

《回乡偶书》共两首，这里我们学的是其一。题目中的"偶"字，不只是说诗作得之偶然，还泄露了诗情来自生活、发于心底的这一层意思。这是一首久客异乡，返回故里的感怀诗。这首诗写于初回故里之时，抒写久客伤老之情。在第一、二句中，诗人置身于故乡熟悉而又陌生的环境之中，心情自然不会平静：当年离家之时，血气方刚，风华正茂；今日归来之际，老迈年高，鬓发疏落，不禁感慨良多。首句用"少小离家"与"老大回"的句中对比，概括写出数十年久客他乡的事实，暗寓自伤"老大"之情坏。次句以"鬓毛衰"顶承上句，具体写出了自己的"老大"之态，并以不变的"乡音"映衬变化了的"鬓毛"，言下大有"能否被故乡认得"之担忧，从而为唤起下两句儿童不相识而发问做了一个很好的铺垫。

三、四句从充满感慨的一幅自画像转而为富于戏剧性的儿童笑问的场面。"笑问客从何处来"，在儿童，这只是淡淡的一问，言尽而意止；在诗人，却成了重重的一击，引出了他的无穷感慨，自己的老迈衰颓与反主为宾的悲哀，尽都包含在这看似平淡的一问之中了。全诗就在这有问无答处悄然作结，而画外之音却如空谷传响，哀婉，悠远，绵长，久久不绝。

全诗来看，第一、二句尚属平平，第三、四句却峰回路转，别有境界。后两句的妙处在于背面敷粉，了无痕迹：虽写哀情，却借欢乐场面表现；虽为写己，却从儿童一面翻出。所写儿童问话的场面又极富于生活情趣，即使我们不为诗人久客伤老之情所感染，也不能不被这一饶有趣味的生活场景所打动。

思维导图与记忆 标题联想定桩：7-拐杖：挂着拐杖回乡下写了一本书（回乡偶书），并盖上一个印章（贺知章）。

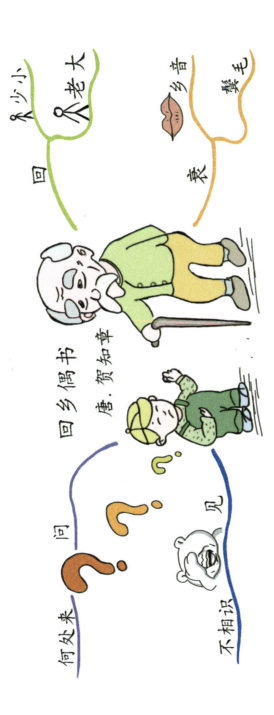

回乡偶书

唐·贺知章

我的笔记

8　凉州词

（唐）王之涣

黄河远上白云间，

一片孤城万仞山。

羌笛何须怨杨柳，

春风不度玉门关。

注释

凉州词：为当时流行的一种曲子（《凉州词》）配的唱词。

黄河远上：远望黄河的源头。

孤城：指孤零零的戍边的城堡。

仞：古代的长度单位，一仞相当于七八尺。

羌笛：羌族的一种乐器。

杨柳：指一种叫《折杨柳》的歌曲。唐朝有折柳赠别的风俗。

度：越过。后两句是说，羌笛何必吹起《折杨柳》这种哀伤的调子，埋怨杨柳不发、春光来迟呢，要知道，春风吹不到玉门关外啊！

译文

奔流而来的黄河好像与白云连在了一起，玉门关孤零零地耸峙在高山之中。羌笛何必总是吹奏那哀怨的《折杨柳》，其实玉门关外本来就是春风吹不到的地方！

赏析

王之涣这首诗写戍边士兵的怀乡之情。写得苍凉慷慨，悲而不失其壮，充分表现出盛唐诗人的广阔胸怀。首句"黄河远上白云间"抓住远眺的特点，描绘出一幅动人的图画：辽阔的高原上，黄河奔腾而来，远远向西望去，好像是从白云中流出来的一般。次句"一片孤城万仞山"，写塞上的孤城。在高山大

河的环抱下，一座地处边塞的孤城巍然屹立。这两句，描写了祖国山川的雄伟气势，勾勒出这个国防重镇的地理形势，突出了戍边士卒的荒凉境遇，为后两句刻画戍守者的心理提供了一个典型环境。

在这种环境中忽然听到了羌笛声，所吹的曲调恰好是《折杨柳》，这就不能不勾起戍卒的离愁。古人有临别折柳相赠的风俗。"柳"与"留"谐音，赠柳表示留念。这种折柳赠别之风在唐代极为流行。于是，杨柳和离别就有了密切的联系。现在当戍边士卒听到羌笛吹奏着悲凉的《折杨柳》曲调时，就难免会触动离愁别恨。于是，诗人用豁达的语调排解道：羌笛何须老是吹奏那哀怨的《折杨柳》曲调呢？要知道，玉门关外本来就是春风吹不到的地方，哪有杨柳可折！说"何须怨"，并不是没有怨，也不是劝戍卒不要怨，而是说怨也没用。用"何须怨"三字，使诗意更加含蓄，更有深意。

思维导图与记忆 标题联想定桩：8-葫芦：从葫芦里倒出一碗凉粥（凉州词），装完一碗再换（王之涣）一碗。

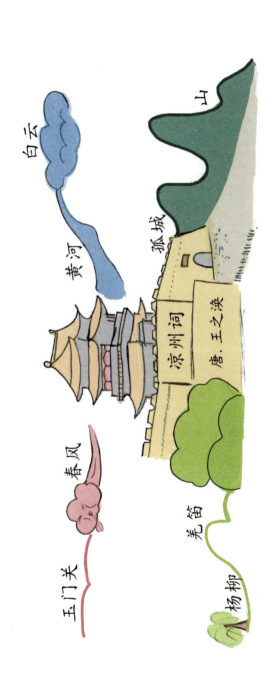

白云

黄河

山

孤城

凉州词

唐·王之涣

春风

玉门关

羌笛

杨柳

我的笔记

9　登鹳雀楼

（唐）王之涣

白日依山尽，
黄河入海流。
欲穷千里目，
更上一层楼。

注释

鹳雀楼：在今山西永济县，楼高三层，前对中条山，下临黄河。传说常有鹳雀在此停留，故有此名。

白日：太阳。

依：依傍。

尽：消失。这句话是说太阳依傍山峦沉落。

欲：想得到某种东西或达到某种目的的愿望，但也有希望、想要的意思。

穷：尽，使达到极点。

千里目：眼界宽阔。

更：替、换。（不是通常理解的"再"的意思）

译文

夕阳依傍着西山慢慢地沉没，滔滔黄河朝着东海汹涌奔流。若想把千里的风光景物看够，那就要登上更高的一层城楼。

赏析

这首诗描写了登高望远的情景，从中表现出诗人不凡的胸襟和抱负，反映了盛唐时期人们昂扬向上的进取精神。前两句写所见："白日依山尽"写远景，写山；"黄河入海流"写近景，写水。这两句合起来，就把上下、远近、山水的景物全都容纳进诗人笔下，使画面显得特别宽广、特别辽远。而我们在读到这十个字时，也如临其地，如见其景，感到胸襟为之一开。后两句写所想："欲穷千里目"，写诗人一种无止境探求的愿望，还想看得更远，看到目力所能达到的地方，唯一的方法就是要站得更高些。这两句诗，既别有新，出人意表，又与前两句诗承接得十分自然、十分紧密；同时，在收尾处用一"楼"字，也起了点题作用，说明这是一首登楼诗。全诗表面上看只是平铺直叙地写出了这一登楼的过程，实际上含意深远，耐人寻味。这里饱含诗人积极进取的精神和高瞻远瞩的胸襟，也道出了要站得高才能看得远的哲理。

思维导图与记忆 标题联想定桩：9-球拍：用球拍拍拍打一只鹳雀（登鹳雀楼），打坏了换（王之涣）一个。

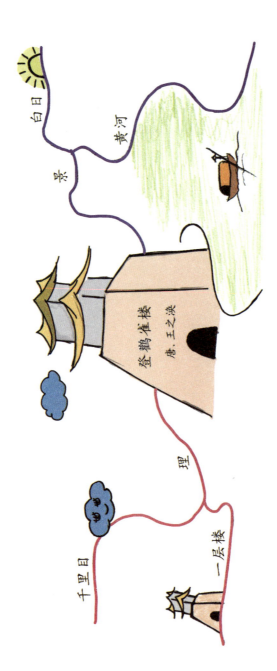

白日

景

黄河

登鹳雀楼
唐.王之涣

理

千里目

一层楼

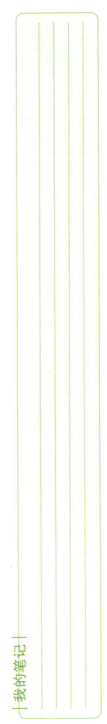

10　春　晓

（唐）孟浩然

春眠不觉晓，
处处闻啼鸟。
夜来风雨声，
花落知多少。

注释

晓：天刚亮的时候，春晓：春天的早晨。

不觉晓：不知不觉天就亮了。

闻：听见。

啼鸟：鸟的啼叫声。

知多少：不知有多少。知：不知，表示推想。

译文

春日里贪睡不知不觉天已破晓，搅乱我酣眠的是那啁啾的小鸟。昨天夜里风声雨声一直不断，那娇美的春花不知被吹落了多少？

赏析

《春晓》这首小诗，初读似觉平淡无奇，反复读之，便觉诗中别有天地。它的艺术魅力不在于华丽的辞藻，不在于奇绝的艺术手法，而在于它的韵味。整首诗的风格就像行云流水一样平易自然，然而悠远深厚，独臻妙境。千百年来，人们传诵它，探讨它，仿佛在这短短的四行诗里，蕴含着开掘不完的艺术宝藏。

《春晓》的语言平易浅近，自然天成，一点也看不出人工雕琢的痕迹。而言浅意浓，景真情真，就像是从诗人心灵深处流出的一股泉水，晶莹透澈，灌注着诗人的生命，跳动着诗人的脉搏。读之，如饮醇醪，不觉自醉。诗人情与境融，觅得大自然的真趣、大自然的神髓。"文章本天成，妙手偶得之"，这是最自然的诗篇，是天籁。

思维导图与记忆 标题联想定桩：10—棒球：在春天的早上（春晓）打棒球，锻炼了一身浩然之气（孟浩然）。

我的笔记

11　凉州词

（唐）王翰

葡萄美酒夜光杯，
欲饮琵琶马上催。
醉卧沙场君莫笑，
古来征战几人回。

注释

夜光杯：一种白玉制成的杯子。

沙场：平坦空旷的沙地，古时多指战场。

君：你。

琵琶：一种乐器，可在马上弹奏。

译文

新酿成的葡萄美酒，盛满夜光杯；正想开怀畅饮，马上琵琶声频催。即使醉倒沙场，请诸君不要见笑；自古男儿出征，有几人活着归回？

赏析

全诗写艰苦荒凉的边塞的一次盛宴，描摹了征人们开怀痛饮、尽情酣醉的场面。首句用语绚丽优美，音调清越悦耳，显出盛宴的豪华气派；一句用"欲饮"两字，更进一层，极写热烈场面，酒宴外加音乐，着意渲染气氛。三、四句极写征人互相斟酌劝饮，尽情尽致，乐而忘忧，豪放旷达。即便醉倒了，躺在沙场上你也不要取笑，这话似乎是略带醉意之言，在那样的情境下，却显得如此沉痛豪放，置生死于度外，满怀生命的体验，既然生命是从战场上捡回来的，就不妨看开一点，活得潇洒一点，让他在美酒华贝里实现自己悲壮的辉煌，岂不快哉？！王翰的《凉州词》是一首曾经打动过无数热血男儿心灵深处最柔弱部分的千古绝唱，首句"葡萄美酒夜光杯"，请看，这是一幅怎样的画面啊！酒是西域盛产的葡萄美酒，杯是以白玉精制而成的月光宝杯。好酒配好杯，在那样一个兵荒马乱的岁月，在物资如此紧缺的苦寒边塞，能有这样的一顿盛宴，这是多么的难得啊，我想应该是刚刚打了一场胜仗之后的庆功宴吧，不然又怎会如此豪奢、如此欢畅！

次句"欲饮琵琶马上催"，正在大家准备畅饮之时，乐队也奏起了琵琶，更增添了欢快的气氛。但是这一句的最后一个"催"字却让后人产生了很多猜测，众口不一，有人说是催出发，但后两句似乎难以贯通。有人解释为：催尽管催，饮还是照饮，但这也不切合将士们豪放俊爽的精神状态。"马上"二字，往往又使人联想到"出发"，其实在西域胡人中，琵琶本来就是骑在马上弹奏的。"琵琶马上催"，应该是着意渲染一种欢快宴饮的场面。

诗的最末两句"醉卧沙场君莫笑，古来征战几人回"。顺着前两句的诗意来看应当是写筵席上的畅饮和劝酒，这样理解的话，全诗无论是在诗意还是诗境上也就自然而然地融会贯通了，过去曾有人认为这两句"作旷达语，倍觉悲痛"。还有人说："故作豪饮之词，然悲感已极。"话虽不同，但都离不开一个"悲"字。后来更有用低沉、悲凉、感伤、反战等词语来概括这首诗的思想感情的，依据也是三四两句，特别是末句。"古来征战几人回"，显然是一种夸张的说法。

"醉卧沙场"，表现出来的不仅是豪放、开朗、兴奋的感情，而且还有着视死如归的勇气，这和豪华的筵席所显示的热烈气氛是一致的。这是一个欢乐的盛宴，那场面和意境决不是一两个人在那儿浅斟低酌，借酒浇愁。它那明快的语言、跳动跌宕的节奏所反映出来的情绪是奔放的、狂热的；它给人的是一种激动和向往的艺术魅力，这正是盛唐边塞诗的特色。千百年来，这首诗一直打动着喜欢它的读者心灵深处最柔弱部分的所在。

思维导图与记忆　**标题联想定桩：11-筷子：用筷子夹凉粥（凉州词）非常费劲，吃得一身汗（王翰）。**

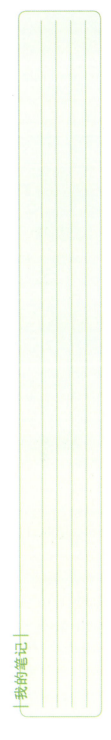

杯

马

美酒

琵琶

凉州词
唐·王翰

沙场

征战

回

笑

我的笔记

12　出　塞

（唐）王昌龄

秦时明月汉时关，
万里长征人未还。
但使龙城飞将在，
不教胡马度阴山。

注释

但使：只要。

龙城：龙城是匈奴祭天集会的地方。

飞将：指汉朝名将李广而言，匈奴畏惧他的神勇，特称他为"飞将军"。

不教：不叫，不让。教，让。

胡马：指侵扰内地的外族骑兵。

阴山：昆仑山的北支，起自河套西北，横贯绥远、察哈尔及热河北部，是我国北方的屏障。

译文

明月仍是秦汉时的明月，边关仍是秦汉时的边关，征战长久延续万里征夫不回还。倘若龙城的飞将李广而今健在，绝不许匈奴南下牧马度过阴山。

赏析

这是一首慨叹边战不断，国无良将的边塞诗。诗的首句最耐人寻味。说的是此地汉关，明月秦时，大有历史变换，征战未断的感叹。第二句写征人未还，多少儿男战死沙场，留下多少悲剧。三、四句写出千百年来人民的共同意愿，冀望有"龙城飞将"出现，平息胡乱，安定边防。全诗以平凡的语言，唱出雄浑豁达的主旨，气势流畅，一气呵成。

诗从写景入手。首句"秦时明月汉时关"七个字，即展现出一幅壮阔的图画：一轮明月，照耀着边疆关塞。诗人只用大笔勾勒，不做细致描绘，却恰好显示了边疆的寥廓和景物的萧条，渲染出孤寂、苍凉的气氛。尤为奇妙的是，诗人在"月"和"关"的前面，用"秦""汉""时"三字加以修饰，使这幅月临关塞图，变成了时间中的图画，给万里边关赋予了悠久的历史感。这是诗人对长期的边塞战争做了深刻思考而产生的"神来之笔"。

面对这样的景象，边人触景生情，自然联想起秦汉以来无数献身边疆、至死未归的人们。"万里长征人未还"，又从空间角度点明边塞的遥远。这里的"人"，既指已经战死的士卒，也指还在戍守不能回归的士卒。"人未还"，一是说明边防不巩固，二是对士卒表示同情。这本是一个问题的两个方面，前者是因，后者是果。这是从秦到汉乃至于唐代，都没有解决的大问题。于是在第三、四两句，诗人给出了回答。

"但使龙城飞将在，不教胡马度阴山"两句，融抒情与议论为一体，直接抒发戍边战士巩固边防的愿望和保卫国家的壮志，洋溢着爱国激情和民族自豪感。写得气势豪迈，铿锵有力。同时，这两句又语带讽刺，表现了诗人对朝廷用人不当和将帅腐败无能的不满。有弦外之音，使人寻味无穷。

这首诗虽然只有短短四行，但是通过对边疆景物和征人心理的描绘，表现的内容是复杂的。既有对久戍士卒的浓厚同情和结束这种边防不安定局面的愿望；又流露了对朝廷不能选贤任能的不满，同时又以大局为重，认识到战争的正义性，因而个人利益服从国家安全的需要，发出了"不教胡马度阴山"的誓言，洋溢着爱国激情。

诗人并没有对边塞风光进行细致的描绘，他只是选取了征戍生活中的一个典型画面来揭示士卒的内心世界。景物描写只是用来刻画人物思想感情的一种手段，汉关秦月，无不是融情入景，浸透了人物的感情色彩，把复杂的内容熔铸在四行诗里，深沉含蓄，耐人寻味。

思维导图与记忆 标题联想定桩：12–婴儿：一个婴儿爬出了门外（出塞），戴着的铃铛（王昌龄）就响了。

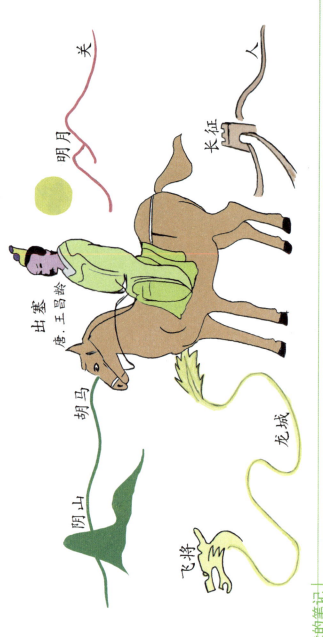

出塞
唐·王昌龄

明月

关

长征

人

胡马

龙城

阴山

飞将

13　芙蓉楼送辛渐

（唐）王昌龄

寒雨连江夜入吴，

平明送客楚山孤。

洛阳亲友如相问，

一片冰心在玉壶。

注 释

芙蓉楼：原名西北楼，在润州（今江苏省镇江市）西北。登临可以俯瞰长江，遥望江北。

辛渐：诗人的一位朋友。

寒雨：秋冬时节的冷雨。

连江：雨水与江面连成一片，形容雨很大。

吴：古代国名，这里泛指江苏南部、浙江北部一带。江苏镇江一带为三国时吴国所属。

平明：天亮的时候。

楚山：楚地的山。这里的楚也指南京一带，因为古代吴、楚先后统治过这里，所以吴、楚可以通称。

孤：独自，孤单一人。

洛阳：现位于河南省西部、黄河北岸。

冰心：比喻纯洁的心。

玉壶：道教概念妙真道教义，专指自然无为虚无之心。

译 文

迷蒙的烟雨，连夜洒遍吴地江天；清晨送走你，孤对楚山离愁无限！朋友啊，洛阳亲友若是问起我来；就说我依然冰心玉壶，坚守信念！

赏 析

"寒雨连江夜入吴",迷蒙的烟雨笼罩着吴地江天(今南京一带,此地是三国孙吴故地),织成了一张无边无际的愁网。夜雨增添了萧瑟的秋意,也渲染出了离别的黯淡气氛。诗人遥望江北的远山,想到友人不久便将隐没在楚山之外,孤寂之感油然而生。在辽阔的江面上,进入诗人视野的当然不只是孤峙的楚山,浩荡的江水本来是最易引起别情似水的联想的,唐人由此而得到的名句也多得不可胜数。然而王昌龄没有将别愁寄予随友人远去的江水,却将离情凝注在矗立于苍茫平野的楚山之上。因为友人回到洛阳,即可与亲友相聚,而留在吴地的诗人,却只能像这孤零零的楚山一样,伫立在江畔空望着流水逝去。一个"孤"字如同感情的引线,自然而然牵出了后两句临别叮咛之语:"洛阳亲友如相问,一片冰心在玉壶。"王昌龄托辛渐给洛阳亲友带去的口信不是通常的平安之语,而是传达自己依然冰清玉洁、坚持操守的信念,是大有深意的。

诗人在这里以晶莹透明的冰心玉壶自喻,正是基于他与洛阳好友亲朋之间的真正了解和信任,这决不是洗刷谗名的表白,而是蔑视谤议的自誉。因此诗人从清澈无瑕、澄空见底的玉壶中捧出一颗晶亮纯洁的冰心以告慰友人,这就比任何相思的言辞都更能表达他对洛阳亲友的深情。

思维导图与记忆 标题联想定桩：13-医生：医生在芙蓉楼用一把新剑（辛渐）砍一个很大的铃铛（王昌龄）。

芙蓉楼送辛渐　唐·王昌龄

我的笔记

14 鹿 柴

（唐）王维

空山不见人，
但闻人语响。
返景入深林，
复照青苔上。

注释

鹿柴（zhài）："柴"同"寨"，栅栏。此为地名。

但：只。

闻：听见。

返景：夕阳返照的光。"景"古时同"影"。

照：照耀（着）。

译文

幽静的山谷里看不见人，只能听到那说话的声音。落日的影晕映入了深林，又照在青苔上景色宜人。

赏析

这首诗描绘的是鹿柴附近的空山深林在傍晚时分的幽静景色。诗的绝妙处在于以动衬静，以局部衬全局，清新自然，毫不做作。落笔先写空山寂绝人迹，接着以但闻一转，引出人语响来。空谷传音，愈见其空；人语过后，愈添空寂。最后又写几点夕阳余晖的映照，愈加触发幽暗的感觉。

第一句"空山不见人"，先正面描写空山的杳无人迹。如果只读第一句，读者可能会觉得它比较平常，但在"空山不见人"之后紧接"但闻人语响"，却境界顿出。三四句由上联描写空山中传语进而描写深林返照，由声而色。深林，本来就幽暗，林间树下的青苔，更突出了深林的不见阳光。静美和壮美，是大自然千姿百态的美的两种形态，其间原本无轩轾之分。但静而近于空无，幽而略带冷寂，则多少表现了作者美学趣味中独特的一面。

王维是诗人、画家兼音乐家。这首诗正体现出诗、画、乐的结合。无声的静寂、无光的幽暗，一般人都易于觉察；但有声的静寂、有光的幽暗，则较少为人所注意。诗人正是以他特有的画家、音乐家对色彩、声音的敏感，才把握住了空山人语响和深林入返照的一刹那间所显示的特有的幽静境界。

思维导图与记忆　标题联想定桩：14-钥匙：用钥匙打开一座叫"鹿柴"的别墅，里面有一堆围巾（王维）。

人语

空山

唐.王维

鹿柴

深林

青苔

我的笔记

15　送元二使安西

（唐）王维

渭城朝雨浥轻尘，
客舍青青柳色新。
劝君更尽一杯酒，
西出阳关无故人。

注释

元二：作者的友人元常，在兄弟中排行老二，故名"元二"。

使：到某地；出使。

安西：指唐代安西都护府，在今新疆维吾尔自治区库车县附近。

渭城：秦时咸阳城，汉代改称渭城（《汉书·地理志》），唐时属京兆府咸阳县辖区，在今西安市西北，渭水北岸。

浥（yì）：湿润。

客舍：旅店。

柳色：即指初春嫩柳的颜色。

君：指元二。

更：再。

阳关：汉朝设置的边关名，故址在今甘肃省敦煌县西南，古代跟玉门关同是出塞必经的关口。《元和郡县志》云，因在玉门之南，故称阳关。

故人：老朋友。

更尽：先饮完。

译文

　　清晨的细雨打湿了渭城的浮尘；青砖绿瓦的旅店和周围的柳树都显得格外清新明朗。请你再饮一杯离别的酒吧；因为你离开阳关之后，在那里就见不到老朋友了。

赏 析

诗词开头两句交代送别的时间、地点和环境气氛。"朝雨"在这里扮演了一个重要的角色。早晨的雨下得不长，刚刚润湿尘土就停了。"浥轻尘"的"浥"字是湿润的意思，在这里用得恰到好处，仿佛天从人愿，特意为远行的人安排一条轻尘不扬的道路。客舍，本是羁旅者的伴侣；杨柳，更是离别的象征。它们通常总是和离愁别恨联结在一起而呈现出黯然销魂的情调。而今天，却因一场朝雨的洒洗而别具明朗清新的风貌。平日路尘飞扬，路旁柳色不免笼罩着灰蒙蒙的尘雾，一场朝雨，才重新洗出它那青翠的本色，所以说"新"，又因柳色之新，映照出客舍青青。总之，从清朗的天空，到洁净的道路，从青青的客舍，到翠绿的杨柳，构成了一幅色调清新明朗的图景，为这场送别提供了典型的自然环境。这是一场深情的离别，但却不是黯然销魂的离别。相反地，倒是透露出一种轻快而富有希望的情调。

对于送行者来说，劝对方"更尽一杯酒"，不只是让朋友多带走自己的一分情谊，而且是有意无意地延迟分手的时间，好让对方再多留一刻。"西出阳关无故人"之感，不止属于行者。临别依依，要说的话很多，但千头万绪，一时竟不知从何说起。这种场合，往往会出现无言相对的沉默，"劝君更尽一杯酒"，就是不自觉地打破这种沉默的方式，也是表达此刻丰富复杂感情的方式。诗人没有说出的比已经说出的要丰富得多。总之，三四两句所剪取的虽然只是一刹那的情景，却是蕴含极其丰富的一刹那。

这首诗所描写的是一种最有普遍性的离别。它没有特殊的背景，而自有深挚的惜别之情，这就是它流传千古的原因所在了。

思维导图与记忆 标题联想定桩：15-鹦鹉：鹦鹉把一个圆儿（元二）当成了围巾（王维）戴在脖子上。

朝雨 轻尘

柳色

客舍

送元二使安西 唐·王维

阳关

X故人

君

酒

我的笔记

16 九月九日忆山东兄弟

（唐）王维

独在异乡为异客，

每逢佳节倍思亲。

遥知兄弟登高处，

遍插茱萸少一人。

注释

九月九日：即重阳节。古以九为阳数，故曰重阳。

忆：想念。

山东：指华山以东。王维当时在长安，家乡蒲州（今山西永济县），在函谷关与华山以东，所以称山东。

异乡：他乡、外乡。为异客，做他乡的客人。

佳节：美好的节日。

登高：古有重阳节登高的风俗。

茱萸（zhū yú）：一种香草，即草决明。古时人们认为重阳节插戴茱萸可以避灾克邪。

译文

独自远离家乡无法与家人团聚，每到重阳佳节倍加思念远方的亲人。

远远想到兄弟们身佩茱萸登上高处，也会因为少我一人而生遗憾之情。

赏析

王维是一位早熟的作家，少年时期就创作了不少优秀的诗篇。这首诗就是他十七岁时的作品。和他后来那些富于画意、构图设色非常讲究的山水诗不同，这首抒情小诗写得非常朴素。但千百年来，人们在做客他乡的情况下读这首诗，却都强烈地感受到了它的力量。这种力量，首先来自它的朴质、深厚和高度的概括。诗因重阳节思念家乡的亲人而作。王维当时在长安，而家在蒲州，在华山之东，所以题称"忆山东兄弟"。

第一句用了一个"独"字，两个"异"字，分量下得很足。对亲人的思念，对自己孤孑处境的感受，都凝聚在这个"独"字里面。"异乡为异客"，不过说他乡做客，但两个"异"字所造成的艺术效果，却比一般地叙说他乡做客要强烈得多。做客他乡者的思乡怀亲之情，在平日自然也是存在的，不过有时不一定是显露的，但一旦遇到某种触媒——最常见的是"佳节"——就很容易爆发出来，甚至一发而不可抑止。这就是所谓"每逢佳节倍思亲"。佳节，往往是家人团聚的日子，而且往往和对家乡风物的许多美好记忆联结在一起，所以"每逢佳节倍思亲"就是十分自然的了。

重阳节有登高的风俗，登高时佩带茱萸囊，据说可以避灾。茱萸，又名越椒，一种有香气的植物。三四两句，如果只是一般化地遥想兄弟如何在重阳日登高，佩带茱萸，而自己独在异乡，不能参与，虽然写出了佳节思亲之情，但会显得平直，缺乏新意与深情。诗人遥想的却是："遍插茱萸少一人。"意思是说，远在故乡的兄弟们今天登高时身上都佩上了茱萸，却发现少了一位兄弟——自己不在内。好像遗憾的不是自己未能和故乡的兄弟共度佳节，反倒是兄弟们佳节未能完全团聚；似乎自己独在异乡为异客的处境并不值得诉说，反倒是兄弟们的缺憾更加体贴。

思维导图与记忆 标题联想定桩：16—杨柳：在一棵杨柳树上回忆山东的兄弟，他总是戴着九条围巾（王维）。

17　静夜思

（唐）李白

床前明月光，
疑是地上霜。
举头望明月，
低头思故乡。

注释

静夜思：静静的夜里，产生的思绪。

床：今传五种说法。一指井台。二指井栏。三说是"窗"的通假字。四取本义，即坐卧的器具。五指胡床。

疑：好像。

举头：抬头。

译文

明亮的月光洒在床前的窗户纸上，好像地上泛起了一层霜。我禁不住抬起头来，看那天窗外空中的一轮明月，不由得低头沉思，想起远方的家乡。

赏析

这首诗写的是在寂静的月夜思念家乡的感受。诗的前两句，是写诗人在做客他乡的特定环境中一刹那间所产生的错觉。一个独处他乡的人，白天奔波忙碌，倒还能冲淡离愁，然而一到夜深人静的时候，心头就难免泛起阵阵思念故乡的波澜。何况是在月明之夜，更何况是月色如霜的秋夜。"疑是地上霜"中的"疑"字，生动地表达了诗人睡梦初醒，迷离恍惚中将照射在床前的清冷月光误作铺在地面的浓霜。而"霜"字用得更妙，既形容了月光的皎洁，又表达了季节的寒冷，还烘托出诗人漂泊他乡的孤寂凄凉之情。

诗的后两句，则是通过动作神态的刻画，深化思乡之情。"望"字照应了前句的"疑"字，表明诗人已从蒙眬转为清醒，他翘首凝望着月亮，不禁想起，此刻他的故乡也正处在这轮明月的照耀下，于是自然引出了"低头思故乡"的结句。"低头"这一动作描画出诗人完全处于沉思之中。而"思"字又给读者留下丰富的想象：那家乡的父老兄弟、亲朋好友，那家乡的一山一水、一草一木，那逝去的年华与往事……无不在思念之中。一个"思"字所包含的内容实在太丰富了。

这首小诗，既没有奇特新颖的想象，更没有精工华美的辞藻；它只是用叙述的语气，写远客思乡之情，然而它却意味深长，耐人寻味，千百年来，如此广泛地吸引着读者。从"疑"到"举头"，从"举头"到"低头"，形象地揭示了诗人的内心活动，鲜明地勾勒出一幅生动形象的月夜思乡图。

短短四句诗，写得清新朴素，明白如话。它的内容是单纯的，但同时却又是丰富的。它是容易理解的，却又是体味不尽的。诗人所没有说的比他已经说出来的要多得多。它的构思是细致而深曲的，但却又是脱口吟成、浑然无迹的。从这里，读者不难领会到李白绝句的"自然""无意于工而无不工"的妙境。

思维导图与记忆 标题联想定桩：17-仪器：一种仪器会在安静的夜里发出耀眼的白光（李白）。

静夜思

唐·李白

明月 光

地上 霜

明月 举头

故乡 低头

我的笔记

18　古朗月行（节选）

（唐）李白

小时不识月，呼作白玉盘。

又疑瑶台镜，飞在青云端。

仙人垂两足，桂树何团团。

白兔捣药成，问言与谁餐？

注释

呼作：称为。

白玉盘：白玉做的盘子。

疑：怀疑。

瑶台：假说中神仙居住的地方。

仙人：传说驾月的车夫，叫舒望，又名纤阿。

团团：圆圆的样子。一作"团圆"。

问言：问。言，语助词，无实意。

与谁：一作"谁与"。

译文

小时候不认识月亮，把它称为白玉盘。又怀疑是瑶台仙镜，飞在夜空青云之上。月中的仙人是垂着双脚吗？月中的桂树为什么长得圆圆的？白兔捣成的仙药，到底是给谁吃的呢？

赏析

这是一首乐府诗。"朗月行"，是乐府古题，属《杂曲歌辞》。诗人运用浪漫主义的创作方法，通过丰富的想象，神话传说的巧妙加工，以及强烈的抒情，构成瑰丽神奇而含意深蕴的艺术形象。诗中先写儿童时期对月亮稚气的认识："小时不识月，呼作白玉盘。又疑瑶台镜，飞在青云端。"以"白玉盘""瑶台镜"做比喻，生动地表现出月亮的形状和月光的皎洁可爱，使人感到非常新颖有趣。"呼""疑"这两个动词，传达出儿童的天真烂漫之态。这四句诗，看似信手写来，却是情采俱佳。然后，又写月亮的升起："仙人垂两足，桂树何团团？白兔捣药成，问言与谁餐？"古代神话说，月中有仙人、桂树、白兔。当月亮初升的时候，先看见仙人的两只脚，而后逐渐看见仙人和桂树的全形，看见一轮圆月，看见月中白兔在捣药。诗人运用这一神话传说，写出了月亮初生时逐渐明朗和宛若仙境般的景致。

思维导图与记忆　标题联想定桩：18-泥巴：泥巴弄到了拨浪鼓（古朗）上，要用立白洗衣液（李白）洗干净。

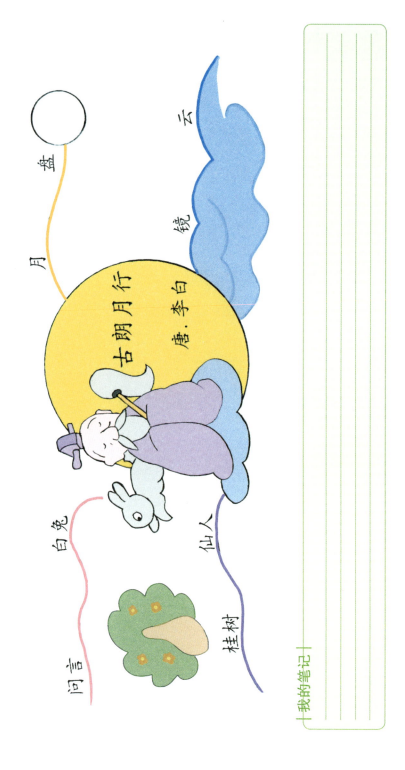

古朗月行

唐·李白

月　盘　云　镜　白兔　问言　桂树　仙人

我的笔记

19 望庐山瀑布

（唐）李白

日照香炉生紫烟，
遥看瀑布挂前川。
飞流直下三千尺，
疑是银河落九天。

注释

香炉：指香炉峰。

紫烟：指日光透过云雾，远望如紫色的烟云。

遥看：从远处看。

挂：悬挂。

前川：一作"长川"。川：河流，这里指瀑布。

直：笔直。

三千尺：形容山高。这里是夸张的说法，不是实指。

疑：怀疑。

银河：古人指银河系构成的带状星群。

九天：一作"半天"。古人认为天有九重，九天是天的最高层，九重天，即天空最高处。此句极言瀑布落差之大。

译文

香炉峰在阳光的照射下生起紫色烟霞，远远望见瀑布似白色绢绸悬挂在山前。高崖上飞腾直落的瀑布好像有几千尺，让人恍惚以为银河从天上泻落到人间。

赏析

这是诗人李白五十岁左右隐居庐山时写的一首风景诗。这首诗形象地描绘了庐山瀑布雄奇壮丽的景色，反映了诗人对祖国大好河山的无限热爱。首句

"日照香炉生紫烟"中，"香炉"是指庐山的香炉峰。此峰在庐山西北，形状尖圆，像座香炉。由于瀑布飞泻，水汽蒸腾而上，在丽日照耀下，仿佛有座顶天立地的香炉冉冉升起了团团紫烟。一个"生"字把烟云冉冉上升的景象写活了。此句为瀑布设置了雄奇的背景，也为下文直接描写瀑布渲染了气氛。

次句"遥看瀑布挂前川"。"遥看瀑布"四字照应了题目《望庐山瀑布》。"挂前川"是说瀑布像一条巨大的白练从悬崖直挂到前面的河流上。"挂"字化动为静，惟妙惟肖地写出遥望中的瀑布。诗的前两句从大处着笔，概写望中全景：山顶紫烟缭绕，山间白练悬挂，山下激流奔腾，构成一幅绚丽壮美的图景。

第三句"飞流直下三千尺"是从近处细致地描写瀑布。"飞流"表现瀑布凌空而出，喷涌飞泻。"直下"既写出岩壁的陡峭，又写出水流之急。"三千尺"极力夸张，写山的高峻。

这样写诗人觉得还没把瀑布的雄奇气势表现得淋漓尽致，于是接着又写上一句"疑是银河落九天"。说这"飞流直下"的瀑布，使人怀疑是银河从九天倾泻下来。一个"疑"，用得空灵活泼，若真若幻，引人遐想，增添了瀑布的神奇色彩。

这首诗极其成功地运用了比喻、夸张和想象，构思奇特，语言生动形象、洗练明快。苏东坡十分赞赏这首诗，说"帝遣银河一脉垂，古来唯有谪仙词"。"谪仙"就是李白。《望庐山瀑布》的确是状物写景和抒情的范例。

思维导图与记忆 标题联想想定桩：19-药酒：黑色的药酒从庐山的瀑布倒下，立刻变成了白色（李白）的。

望庐山瀑布

唐·李白

20　赠汪伦

（唐）李白

李白乘舟将欲行，
忽闻岸上踏歌声。
桃花潭水深千尺，
不及汪伦送我情。

注释

踏歌：民间的一种唱歌形式，一边唱歌，一边用脚踏地打拍子，可以边走边唱。

桃花潭：在今安徽泾县西南一百里。《一统志》谓其深不可测。

深千尺：诗人用潭水深千尺比喻汪伦与他的友情，运用了夸张的手法（潭深千尺不是实有其事）写深情厚谊，十分动人。

不及：不如。

汪伦：李白的朋友。

译文

我正乘上小船，刚要解缆出发，
忽听岸上传来，悠扬踏歌之声。
看那桃花潭水，纵然深有千尺，
怎能比得上汪伦送我的这份情谊。

赏析

李白游泾县（安徽宣城境内）桃花潭时，常在村民汪伦家做客。临走时，汪伦来送行，于是李白写下这首诗留别。诗中表达了李白对汪伦这个普通村民的深情厚谊。

"李白乘舟将欲行，忽闻岸上踏歌声。"这开头两句看似口语化的平直叙述，却隐藏着李白和汪伦两人之间的动人故事，表现出李白的豪放，无拘无束的性格特点，写出了自己乘兴而来，兴致而归的潇洒神态，"忽闻"两个字表明汪伦的到来确实是不期而至，未见其人先闻其声，从那热情爽朗的歌声里，李白就判定是汪伦赶来送行了。这样的送别方式令人艳羡，让人感悟到李白和汪伦这对好朋友都是不拘俗理、快乐自由的人。在山村乡野，不拘泥于上层社会迎来送往的烦琐礼节，李白走得洒脱不羁，不讲客套，踏歌欢送的汪伦更是豪放热情，不做儿女沾巾的缠绵之态，短短两行诗写出了两个乐天派之间的性格对等，性情契合，不拘形式的深厚友情。"桃花潭水深千尺，不及汪伦送我情"，后两句更加显得感情率真自然，用深千尺的潭水比喻送别的深情，生动而形象，这里妙就妙在"不及"二字，好就好在不用比喻而采用比物手法，变无形的情谊为生动的形象，空灵而有余味，自然而又情真。诗人很感动，所以用"桃花潭水深千尺，不及汪伦送我情"两行诗来极力赞美汪伦对诗人的敬佩和喜爱，也表达了李白对汪伦的深厚情谊。古人写诗啊，一般忌讳在诗里直呼姓名，以为无味，而李白的诗却独有"清水出芙蓉，天然去雕饰"的意味，诗以自呼其名开始，又以直呼朋友之名作结，这种直抒胸臆，反而更显得亲切洒脱，整首诗尽显自然高妙的诗风，因而历来为人传诵。

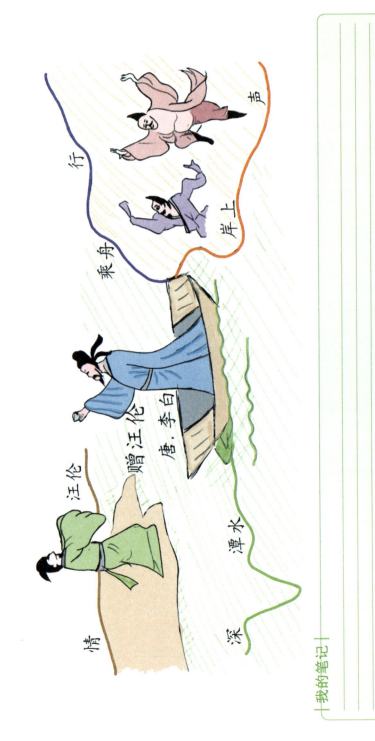

思维导图与记忆 标题联想定桩：20-摩托车：把一辆摩托车赠送给汪伦，轮胎是白色（李白）的。

行
声
岸上
乘舟
赠汪伦
唐·李白
汪伦
情
深
潭水

21 黄鹤楼送孟浩然之广陵

（唐）李白

故人西辞黄鹤楼，

烟花三月下扬州。

孤帆远影碧空尽，

唯见长江天际流。

注 释

黄鹤楼：中国著名的名胜古迹，故址在今湖北武汉市武昌蛇山的黄鹄矶上，属于长江下游地带，传说三国时期的费祎于此登仙乘黄鹤而去，故称黄鹤楼。原楼已毁，现存楼为1985年修葺。

孟浩然：李白的朋友。

之：往，到。

广陵：即扬州。

故人：老朋友，这里指孟浩然。其年龄比李白大，在诗坛上享有盛名。李白对他很敬佩，彼此感情深厚，因此称之为"故人"。

辞：辞别。

烟花：形容柳絮如烟、鲜花似锦的春天景物，指艳丽的春景。

下：顺流向下而行。

碧空尽：消失在碧蓝的天际。尽：尽头，消失了。碧空：一作"碧山"。

唯见：只看见。

天际流：流向天边。天际：天边，天边的尽头。

译 文

老朋友向我频频挥手，告别了黄鹤楼，在这柳絮如烟、繁花似锦的阳春三月去扬州远游。

友人的孤船帆影渐渐地远去，消失在碧空的尽头，只看见一线长江，向邈远的天际奔流。

诗的起句"故人西辞黄鹤楼"紧扣题旨,点明送行的地点及自己与被送者的关系。"故人"一词说明了两位诗人的深厚情谊。"黄鹤楼"是天下名胜,是文人墨客流连聚会之所,又是传说中仙人乘鹤升天之处。而今两位潇洒飘逸的诗人在此道别,更带有诗意和浪漫色彩。第二句"烟花三月下扬州",紧承首句,写送行的时令与被送者要去的地方。"扬州"是鱼米之乡,自古繁华,而"三月"又正是春光明媚、百花争艳的季节。诗人用"烟花"修饰"三月",不仅传神地写出烟雾迷蒙、繁花似锦的阳春特色,也使人联想到处在开元盛世的扬州,那花团锦簇、绣户珠帘,繁荣而又太平的景象。孟浩然要去的地方真是好地方,时间也选择得恰当,李白对友人的这次旅游自然十分欣羡。"烟花三月下扬州"这清丽明快的诗句,正表达了诗人内心的愉快与向往。但李白又是富于感情的诗人,当友人扬帆远去的时候,惜别之情油然而生。从《李太白集》里,我们可以看到李白、孟浩然之间有着不少赠答诗。在《赠孟浩然》中,李白写道:"吾爱孟夫子,风流天下闻。"可见李白对孟浩然是多么敬佩,两人的情谊是多么深厚。

诗的第三、四句正是写李白送别诗友时的惜别深情。"孤帆远影碧空尽,唯见长江天际流。"表面看来这两句诗全是写景,其实却有着诗人鲜明的形象。"孤帆"绝不是说浩瀚的长江上只有一只帆船,而是写诗人的全部注意力和感情只集中在友人乘坐的那一只帆船上。诗人在黄鹤楼边送行,看着友人乘坐的船挂起风帆,渐去渐远,越去越小,越去越模糊了,只剩下一点影子了,最后终于消失在水天相接之处,而诗人仍然久久伫立,目送流向天际的江水,似乎要把自己的一片情意托付江水,陪随行舟,将友人送到目的地。这两句诗表达了多么深挚的友情,然而在诗句中却找不到"友情"这个字眼。诗人巧妙地将依依惜别的深情寄托在对自然景物的动态描写之中,将情与景完全交融在一起,真正做到了含吐不露而余味无穷。

思维导图与记忆 标题联想定桩：21-鳄鱼：鳄鱼在黄鹤楼咬了孟浩然一口，脸一下子变得很苍白（李白）了。

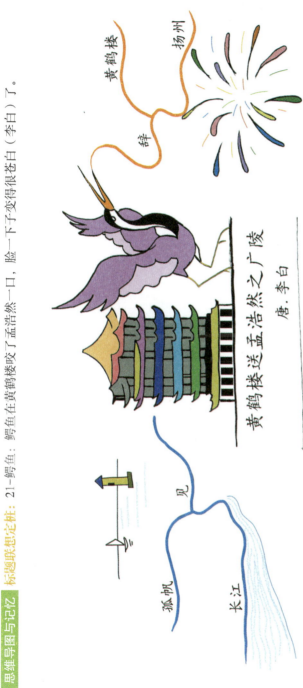

黄鹤楼送孟浩然之广陵

唐·李白

22　早发白帝城

（唐）李白

朝辞白帝彩云间，
千里江陵一日还。
两岸猿声啼不住，
轻舟已过万重山。

注　释

发：启程。

白帝城：故址在今重庆市奉节县白帝山上。

朝：早晨。

辞：告别。

彩云间：因白帝城在白帝山上，地势高耸，从山下江中仰望，仿佛耸入
云间。

江陵：今湖北荆州市。

还：归，返回。

猿：猿猴。

啼：鸣、叫。

住：停息。

万重山：层层叠叠的山，形容有许多。

译　文

清晨，我告别高入云霄的白帝城；江陵远在千里，船行只一日时间。两岸
猿声，还在耳边不停地啼叫；不知不觉，轻舟已穿过万重青山。

赏　析

首句"彩云间"三字，描写白帝城地势之高，为全篇描写船走得快这一
动态蓄势。"彩云间"的"间"字当作隔断之意，诗人回望云霞之上的白帝

城，以前的种种恍如隔世。一说形容白帝城之高，水行船速全在落差。"彩云间"也是写早晨景色，诗人在这曙光初灿的时刻，怀着兴奋的心情匆匆告别白帝城。

第二句的"千里"和"一日"，以空间之远与时间之短做悬殊对比。这里，巧妙的地方在于那个"还"字上。"还"，归来的意思。它不仅表现出诗人"一日"而行"千里"的痛快，也隐隐透露出遇赦的喜悦。江陵本非李白的家乡，而"还"字却亲切得如同回乡一样。一个"还"字，暗处传神，值得读者细细玩味。

第三句的境界更为神妙。古时长江三峡，"常有高猿长啸"。诗人说"啼不住"，是因为他乘坐飞快的轻舟行驶在长江上，耳听两岸的猿啼声，又看见两旁的山影，猿啼声不止一处，山影也不止一处，由于舟行人速，使得啼声和山影在耳目之间成为"浑然一片"，这就是李白在出峡时为猿声山影所感受的情景。身在这如脱弦之箭、顺流直下的船上，诗人感到十分畅快和兴奋。

瞬息之间，"轻舟"已过"万重山"。为了形容船快，诗人除了用猿声山影来烘托，还给船的本身添上了一个"轻"字。直说船快，那便显得笨拙；而这个"轻"字，却别有一番意蕴。这最后两句，既是写景，又是比兴，既是个人心情的表达，又是人生经验的总结，因物兴感，精妙无伦。

全诗洋溢的是诗人经过艰难岁月之后突然进发的一种激情，所以在雄峻和迅疾中，又有豪情和欢悦。快船快意，给读者留下了广阔的想象余地。为了表达畅快的心情，诗人还特意用上平"删"韵的"间""还""山"来做韵脚，使全诗显得格外悠扬、轻快，回味悠长。

标题联想定桩：22-鸳鸯：鸳鸯游到了白色滴城（白帝城），就是很白（李白）的城。

早发白帝城　唐·李白

我的笔记

23　望天门山

（唐）李白

天门中断楚江开，
碧水东流至此回。
两岸青山相对出，
孤帆一片日边来。

注释

天门山：位于安徽省和县与芜湖市长江两岸，在江北的叫西梁山，在江南的叫东梁山（古代又称博望山）。两山隔江对峙，形同天设的门户，天门由此得名。

中断：江水从中间隔断两山。

楚江：即长江。因为古代长江中游地带属楚国，所以叫楚江。

开：劈开，断开。

至此：意为东流的江水在这转向北流。一作"直北"。

回：回旋，回转。指这一段江水由于地势险峻方向有所改变，并更加汹涌。

两岸青山：分别指东梁山和西梁山。

出：突出，出现。

日边来：指孤舟从天水相接处的远方驶来，远远望去，仿佛来自日边。

译文

长江犹如巨斧劈开天门雄峰，碧绿江水东流到此回旋澎湃。两岸青山对峙，美景难分高下，遇见一叶孤舟悠悠来自天边。

赏析

诗题为《望天门山》，但全诗无一"望"字，却又句句写望。首句是远望天门山的全景：诗人以天门山与长江的关系，反衬天门山气势的雄峻险要。"中断"和"开"，写出了江水雄壮的气势和大自然的神奇力量，想象雄奇，气魄宏伟。次句是写接近天门山的近景：长江在天门山附近流向由东向转北，也暗示了天门山雄视一切，震慑洪流的威力。"碧水"写出了长江流水之澄清；"东流"是写长江总的流向；"回"字力度很强，极富动态美，既写出了长江到天门山处江水曲折回荡、漩涡丛生的奇险和壮美，又凸显了天门山一段江水流向的陡然转变。正是从这一"回"字中，我们才更加深刻地领会出天门山扼江回流的雄伟气势。第三句是进入天门山时两山夹江对峙的特写，一个"出"字，出神入化，化静为动，令人感到郁郁葱葱的天门山生机盎然，更增添了画面的动态美感，既暗示出了诗人"望"的立足点，又表达出了诗人喜悦的情怀。结句写过了天门山之后的远景："孤帆"与辽阔的江面、雄壮的天门山对比，更突出了江山的壮丽宏伟，扩大了诗歌的意境；"日边"写出了长江远景浩瀚苍茫，给人以明朗温暖、色彩鲜明的感觉，使整个画面更有生气和余韵，给人留下了广阔的想象空间；一个"来"字，又给远景注入了活泼的色彩和新鲜的血液，使画面顿显活跃，具有不断变幻的美感。

这首诗热情赞颂了祖国山河的雄伟壮丽，将天门山的巍峨险峻、长江的浩荡汹涌，展现在读者眼前；尤其是后两句，在耸峙的高山之间，在喷薄而出的红日映衬下，一叶孤舟急驶而来，形象鲜明而壮丽，给人的印象十分深刻，从中也充分展现出诗人开阔的胸襟和热情豪放的性格。

思维导图与记忆 标题联想定桩：23-和尚：和尚在白天（李白）打开门望着天边的山（天门山）。

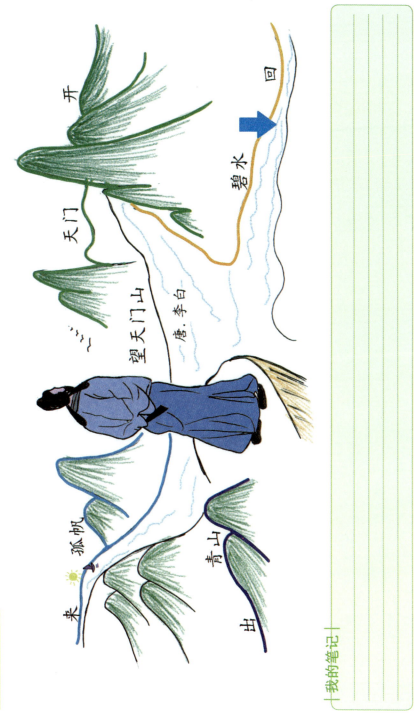

我的笔记

24　别董大

（唐）高适

千里黄云白日曛，
北风吹雁雪纷纷。
莫愁前路无知己，
天下谁人不识君？

注释

董大：唐玄宗时著名的琴客董庭兰。在兄弟中排行第一，故称"董大"。

黄云：天上的乌云，在阳光下，乌云是暗黄色，所以叫黄云。

曛：日落时的黄昏景色。

莫愁：不要担心。愁，担忧，担心。

前路：要去的地方。

知己：知心的朋友。

谁人：哪个人。

君：指的是董大。

译文

漫天的黄沙遮蔽云朵，连白日也失去了光彩，北风阵阵，雪花纷飞，大雁在风雪中南飞。不要忧虑前去的路上遇不到知心的朋友，天下的人有谁不知道您呢？

赏析

这是一首送别诗，不但表达了诗人与朋友的离别之情，而且表达了对友人的劝慰，情感直率而又亲切，使人感到格外温暖。"千里黄云白日曛，北风吹雁雪纷纷。"开头两句，描绘送别时的自然景色。这两句描写景物虽然比较客观，但也处处显示出送别的情调和诗人的心胸。日暮天寒，本来就容易引发人们的愁苦心绪，而眼下，诗人正在送别董大，其执手依恋之态我们是可以想见的。所以，这两句尽管境界阔远渺茫，其实不无凄苦寒凉。但是，高适毕竟具有恢宏的气度、超然的精神，他并没有沉溺在离别的感伤之中不能自拔，而是另具一副心胸，写出了慷慨激昂的壮伟之音。"莫愁前路无知己，天下谁人不识君？"这两句是对董大的劝慰。说"莫愁"，说前路有知己，说天下人人识君，以此赠别，给朋友增添了生活的信心和勇气。全诗读来感人至深。

思维导图与记忆 **标题联想定桩**：24—时钟：钟楼下面有个大洞（董大），洞里是个超市（高适）。

别董大
唐·高适

情景
黄云 白日
北风 雪

前路
无知己 劝慰
不识君 天下

我的笔记

25　绝　句

（唐）杜甫

两个黄鹂鸣翠柳，一行白鹭上青天。
窗含西岭千秋雪，门泊东吴万里船。

注释

西岭：西岭雪山。

千秋雪：指西岭雪山上千年不化的积雪。

泊：停泊。

东吴：古时候吴国的领地，江苏省一带。

万里船：不远万里开来的船只。

译文

两只黄鹂在翠绿的柳树间婉转地歌唱，一队整齐的白鹭直冲向蔚蓝的天空。我坐在窗前，可以望见西岭上堆积着终年不化的积雪，门前停泊着自万里外的东吴远行而来的船只。

赏析

这首诗描绘出四个独立的景色，营造出一幅生机勃勃的图画，诗人陶醉其中，望着来自东吴的船只，不觉勾起了乡愁，细致的内心活动自然地流露出来。诗歌以一幅富有生机的自然美景切入，给人营造出一种清新轻松的情调氛围。翠是新绿，是初春时节万物复苏、萌发生机时的颜色。以"鸣"发，黄鹂的啼叫，给人一种轻脆、悦耳之感。早春时节嫩芽初发的柳枝上，成双成对的黄鹂在欢唱，构成了一幅具有喜庆气息的生机勃勃的画面。而黄鹂居柳上而鸣，这是在静中寓动的生机，下句则以更明显的动势写大自然的生气：晴空万里，一碧如洗，白鹭在这个清新的天际中飞翔，这不仅是一种自由自在的舒适，还有一种向上的奋发，这里用一个"上"字很巧妙。这两句，以"黄"衬

"翠"，以"白"衬"青"，色彩鲜明，更托出早春生机初发的气息。首句还写到黄鹂的啼鸣，诗人对这幅生机盎然、绚丽多彩的早春图像就分别从视觉和听觉两个角度进行刻画，而这种有声有色的手法，也增加了诗句的生机。再者，首句写黄鹂居柳上而鸣，与下句写白鹭飞翔上天，空间开阔了不少，由下而上，由近而远，使诗人所能看到的、所能感受到的生机充盈着整个环境，这样就再从另一角度显出早春生机之盛。

第三句，"窗含西岭千秋雪"，诗人凭窗远眺，因早春空气清新，晴天丽日，所以能看见西岭雪山。上两句已点明，当时正是早春之际，冬季的秋雪欲融未融，这就给读者一种湿润的感受，此句"窗"与"雪"间着一"含"字，表现出积雪初融之际湿气润泽了冬冻过的窗棂，这更能写出诗人对那带着湿气的早春生机的感受。这句不仅仅是对窗前雪的描写了，它有着更深的寓意，而这种对景物的体察，其实早在一二句就暗含其中了。"两个""一行"，数目历历分明，观察仔细，不是因为内心的轻松愉快，而是诗人要排遣那种长期受到闲置的愁闷意绪和百无聊赖的心情。

末句更进一步写出了杜甫当时的复杂心情。一说船来自"东吴"，此句表战乱平定，交通恢复，诗人睹物生情，想念故乡。用一个"泊"字，有其深意。而"万里"则暗示了目的达到的远难，这与第三句中的"千秋"并列，一从时间上，一从空间上，同写出那种达到目的之难，以表示希望不大。这是第一层含义。第二层，这只停泊在门前的东吴船并非从东吴来，而是到东吴去的。东吴，正是杜甫心中那点希冀的象征。诗的上联是一组对仗句。草堂周围多柳，新绿的柳枝上有成对黄鹂在欢唱，一派愉悦景象，有声有色，构成了新鲜而优美的意境。"翠"是新绿，"翠柳"是初春物候，柳枝刚抽嫩芽。"两个黄鹂鸣翠柳"，鸟儿成双成对，呈现一片生机，具有喜庆的意味。次句写蓝天上的白鹭在自由飞翔。这种长腿鸟飞起来姿态优美，自然成行。晴空万里，一碧如洗，白鹭在"青天"映衬下，色彩极其鲜明。两句中一连用了"黄""翠""白""青"四种鲜明的颜色，织成一幅绚丽的图景；再加上首句的声音描写，传达出无比欢快的感情。

思维导图与记忆 标题联想定桩：25-二胡：拉二胡像锯子（绝句）一样在锯豆腐（杜甫）。

我的笔记

26　春夜喜雨

（唐）杜甫

好雨知时节，当春乃发生。
随风潜入夜，润物细无声。
野径云俱黑，江船火独明。
晓看红湿处，花重锦官城。

注 释

好雨：指春雨，及时的雨。

乃：就。

发生：催发植物生长，萌发生长。

潜：暗暗地，静悄悄地。

润物：使植物受到雨水的滋养。

野径：田野间的小路。

俱：全，都。

江船：江面上的渔船。

独：独自，只有。

晓：清晨。

红湿处：指带有雨水的红花的地方。

花重（zhòng）：花因沾着雨水，显得饱满沉重的样子。

锦官城：故址在今成都市南，亦称锦城。三国蜀汉管理织锦之官驻此，故名。后人又用作成都的别称，故也代指成都。

译 文

春雨好像知道时节的变化，到了春天它就自然地降临。随着轻风在春夜里悄悄地飘洒，滋润万物轻柔而悄然无声。野外的小路上空乌云一片漆黑，只有江上的小船还亮着一盏孤灯。清晨看那春雨润湿的春花，含雨的花朵沉甸甸地开遍锦官城。

赏析

　　诗人紧扣诗题的"喜"字，对春雨做了细致入微的描绘。前两句写雨适时而降，其中"知"字用得非常传神，简直把雨给写活了；三、四句写雨的"发生"，其中"潜""润""细"等词语道出了雨的特点；五、六两句写夜雨的美丽景象，"黑"与"明"相互映衬，不仅点明了云厚雨足，而且给人以强烈的美感；最后两句仍扣"喜"字写想象中的雨后锦官城清晨的迷人景象，"红湿""花重"，写物真是细腻至极。整首诗以"喜"字统摄全篇，诗句中没有一个"喜"字，但"喜"字却渗透于字里行间，这种靠形象来"说话"的写作手法是值得我们学习的。这首诗既是对春雨的描绘，也是诗人对春雨喜爱、赞美之情的抒发。

思维导图与记忆 标题联想定桩：26—河流：河流被雨水（喜雨）灌满了，人们挑这些水去做豆腐（杜甫）。

我的笔记

27　绝　句
（唐）杜甫

迟日江山丽，春风花草香。
泥融飞燕子，沙暖睡鸳鸯。

注释

迟日：指春日，春天的太阳。

鸳鸯：一种漂亮的水鸟，雄鸟与雌鸟常双双出没。

译文

春日照耀的江山如此秀丽，春风送来花草的芳香。湿软的春泥引来只只飞燕，温暖的沙滩上睡着对对鸳鸯。

赏析

这首诗描写了春天美丽动人的景色。诗一开始，就从大处着墨，描绘出在初春灿烂阳光的照耀下，浣花溪一带明净绚丽的春景，用笔简洁而色彩浓艳。第二句诗人进一步以和煦的春风、初放的百花、如茵的芳草、浓郁的芳香来展现明媚的大好春光。诗人把春风、花草及其散发的馨香有机地组织在一起，使人读后有身临其境的感觉。在明丽阔远的图景上，三、四两句转向具体而生动的初春景物描绘。第三句诗人选择特征性的动态景物来勾画。春暖花开，泥融土湿，秋去春归的燕子，正繁忙地飞来飞去，衔泥筑巢。这生动的描写，使画面更加充满生机，春意盎然，还有一种动态美。第四句是勾勒静态景物，这也和首句呼应，因为"迟日"才沙暖，沙暖才引来成双成对的鸳鸯出水，沐浴在灿烂的阳光中，是那样悠然自得。从景物的描写来看，和第三句动态的飞燕相对照，动静相间，相映成趣。整首诗的画面和谐统一，构成一幅色彩鲜明、生机勃发、具有美感的初春景物图。就诗中所蕴含的思想感情而言，全诗反映了诗人奔波流离之后，暂时定居草堂的安适心情，这也是诗人对初春时自然界一派生机、欣欣向荣的欢悦情怀的表露。

思维导图与记忆　标题联想定桩：27-耳机：一边戴着耳机听一首绝唱（绝句），一边吃酿豆腐（杜甫）。

景

迟日　江山

春风　花草

绝句
唐·杜甫

物

动

静

燕子

鸳鸯

我的笔记

28　江畔独步寻花

（唐）杜甫

黄师塔前江水东，春光懒困倚微风。
桃花一簇开无主，可爱深红爱浅红？

注 释

独步寻花：独自一人一边散步，一边赏花。

黄师塔：一位黄姓僧人的墓地。

江水东：江水向东流去。

懒困：慵懒困倦，没有精神。

可：到底，究竟。

译 文

　　黄师塔前那一江的碧波春水滚滚向东流，春天给人一种困倦到想倚着春风小憩的感觉。江畔那盛开着的一片片桃花，仿佛是没有主人，你究竟是喜欢深红色的桃花还是浅红色的桃花？

赏 析

　　首先，诗人为我们勾勒出了一幅美丽的风景画，高耸的黄师塔巍然屹立着；流动的江水从塔前东流而去，构成了有纵有横的图画。塔前、水东就表明了方位，为下句的风景描绘提供了广阔的空间。其次，后两句着力写桃花。在诗人笔下，桃花一簇，深浅放红，只有寂寞相伴随。若诗人不寻花至此，又有何人能够赏识？字里行间，流露出无人赏识的淡淡哀愁。"可爱深红爱浅红"一句，用了两个"红"字和两个"爱"字，表现了诗人对花美的喜悦之情，并以反问的语气结束全诗，不仅饶有兴味，而且由己及人，这就扩大了审美的范围，强化了美感。此诗喜中有愁意，寻花为排遣，情景交融，寻味绵长。

思维导图与记忆 标题联想定桩：28-荷花：荷花的香气让一个人在江畔独自寻花，花朵上有几块豆腐（杜甫）。

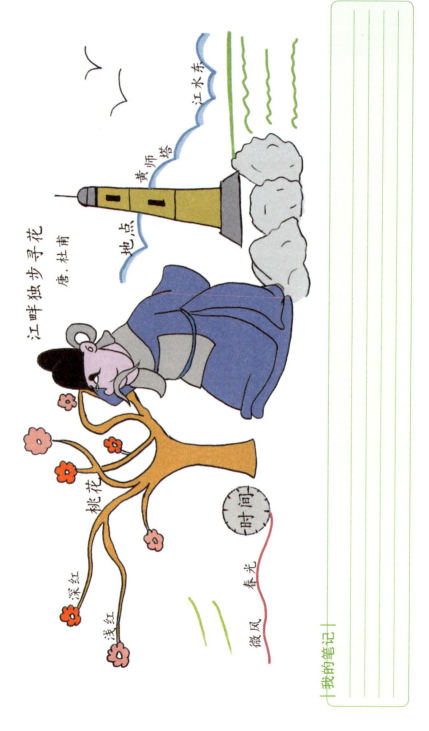

江畔独步寻花

唐·杜甫

黄师塔

江水东

地点

桃花

深红

浅红

微风

春光

时间

我的笔记

29　枫桥夜泊

（唐）张继

月落乌啼霜满天，

江枫渔火对愁眠。

姑苏城外寒山寺，

夜半钟声到客船。

注释

枫桥：桥名，在现在的江苏省苏州市城西。

夜泊：夜间把船停靠在岸边。

乌啼：一说为乌鸦啼鸣，一说为乌啼镇。

霜满天：霜，不可能满天，这个"霜"字应当体会作严寒；霜满天，是空气极冷的形象语。

江枫：江边的枫树。

渔火：通常解释，"渔火"就是渔船上的灯火。

对愁眠：伴愁眠之意，此句把江枫和渔火二词拟人化。就是后世有不解诗的人，怀疑江枫渔火怎么能对愁眠，于是附会出一种讲法，说愁眠是寒山寺对面的山名。

姑苏：苏州的别称，因城西南有姑苏山而得名。

寒山寺：在枫桥附近，始建于南朝梁代，苏州的名胜古迹之一。

译文

残月西沉，乌鸦啼叫，秋霜满天，对着江边枫树和渔火忧愁难眠。姑苏城外清冷的寒山古寺，钟声半夜里传到了客船上。

赏析

这是一首脍炙人口的名作。诗中的景物描写色彩鲜明，营造了幽深的意

境，抒发了诗人旅居他乡的哀愁。这首诗采用倒叙的写法，先写拂晓时的景物，然后追忆昨夜的景色及夜半钟声，全诗有声有色，有情有景，情景交融。

这首诗的题目很精炼，"枫"是季节，"桥"是地点，"夜"是时间，"泊"是具体的地方。四个字就把该介绍的都介绍了。首句直接进行景物描写，视觉、听觉、触觉三管齐下，写所见（月亮）、所闻（乌啼）、所感（霜满天），恰如其分地表现出诗人的心境。第二句描绘枫桥附近的景色和愁寂的心情。三、四句写客船卧听古刹钟声。平凡的桥，平凡的树，平凡的水，平凡的寺，平凡的钟，经过诗人艺术的再创造，就构成了一幅幽静诱人的江南水乡夜景图，成为流传千古的名作。

思维导图与记忆 标题联想定桩：29-恶狗：恶狗在很多枫树的桥（枫桥）上追一只鸡（张继）。

枫桥夜泊　唐·张继

景

月　乌　霜

寒山寺

夜半钟声

愁

我的笔记

30　滁州西涧

（唐）韦应物

独怜幽草涧边生，上有黄鹂深树鸣。
春潮带雨晚来急，野渡无人舟自横。

注 释

滁州：在今安徽滁县以西。

西涧：在滁州城西，俗称上马河。

独怜：唯独喜欢。

幽草：幽谷里的小草。幽，一作"芳"。

深树：枝叶茂密的树。深，《才调集》作"远"。树，《全唐诗》注"有
本作'处'"。

横：指随意漂浮。

译 文

我怜爱生长在涧边的幽草，涧上有黄鹂在深林中啼叫。春潮伴着夜雨急急
地涌来，渡口无人，船只随波浪横漂。

赏 析

这是一首山水诗的名篇，也是韦应物的代表作之一。诗的前两句写，在春
天的繁荣景物中，诗人独爱自甘寂寞的涧边幽草。独爱幽草，流露出诗人恬淡
的胸怀。后两句，晚潮加上春雨，水势更急。而郊野渡口，本来行人不多，此
刻更是无人，只见空空的渡船自己漂泊。这个渡口在郊野，无人问津。倘使在
繁华的地方，傍晚雨中潮涨，正是渡船起重要作用的时候，此时就不能悠然空
泊了。因此，这幅悠闲景象里蕴含着一种不在其位、不得其用的无奈而忧伤的
情怀。这雨中渡口扁舟闲横的画面，也表现了诗人对自己无所作为的忧伤。

思维导图与记忆 标题联想定桩：30-森林：在在森林里用锄头挖出了一把剑（滁州西涧）去喂鹦鹉（韦应物）。

独怜幽草涧边生，上有黄鹂深树鸣。
春潮带雨晚来急，野渡无人舟自横。

滁州西涧 唐·韦应物

31 游子吟

（唐）孟郊

慈母手中线，游子身上衣。
临行密密缝，意恐迟迟归。
谁言寸草心，报得三春晖。

注释

游子：古代称远游旅居的人。

吟：诗体名称。

临：将要。

意恐：担心。

归：回来，回家。

谁言：一作"难将"。言：说。

寸草：小草。这里比喻子女。

心：语义双关，既指草木的茎干，也指子女的心意。

报得：报答。

三春晖：春天灿烂的阳光，指慈母之恩。三春：旧称农历正月为孟春，二月为仲春，三月为季春，合称三春。

晖：阳光。形容母爱如春天温暖、和煦的阳光照耀着子女。

译文

慈母用手中的针线，为远行的儿子赶制身上的衣衫。临行前一针针密密地缝缀，只怕孩子迟迟回不到家中。谁说小草的一片小孝心，能报答春天的光辉？

赏析

这首诗是对伟大的母爱的描写和歌颂。临行缝衣的场景刻画，写出了慈母为即将出门远行的儿子细针密线缝制衣服的动作，表现了母爱的朴素和伟大。

"慈母手中线，游子身上衣。"通过"线"和"衣"，把母亲对儿子难以割舍的爱紧密联系在一起。无论儿子远行千万里，母亲缝制的衣服总会穿在身上。也就是说，母亲无时无地不在遮护着孩子的身，温暖着孩子的心。"临行密密缝，意恐迟迟归。"这两句写母亲缝衣服时的情景：此时的母亲手拿衣服，针针线线，细密缝补。唯恐儿子迟迟不回，所以把衣服缝得结结实实的。但母亲的内心里，又何尝不盼望儿子早日平安回家呢？诗人就是通过母亲所做与所想的矛盾，非常细致地表现了慈母的一片深爱之情。最后两句写出了诗人的心声："谁言寸草心，报得三春晖。"以春天的阳光哺育小草来生动地比喻母亲对儿子的温暖，表达出儿子报答不尽慈母哺育的恩情。

全诗没有华丽的辞藻，也没有巧琢雕饰，情真意切，千百年来拨动了广大读者的心弦，引起了万千游子的共鸣。

思维导图与记忆　标题联想定桩：31-鲨鱼：鲨鱼游泳比赛赢（游子吟）得了一瓶胶水（孟郊）。

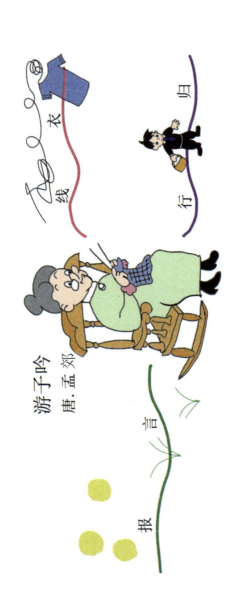

游子吟
唐·孟郊

报

言

衣

线

行

归

32　早春呈水部张十八员外

（唐）韩愈

天街小雨润如酥，草色遥看近却无。

最是一年春好处，绝胜烟柳满皇都。

注释

天街：京城街道。

酥（sū）：酥油、奶油、乳汁，这里形容春雨的滋润。

最是：正是。

皇都：长安城（唐朝京都）。

译文

长安街上的土地，在早春细雨的滋润下，变得松软湿润起来，远看草色青青，近看却没有绿色。这正是一年春光中的大好时节，远远胜过满城杨柳如烟的盛春景色。

赏析

这是一首赞美早春美景的七言绝句，为我们勾勒出一幅绝妙的早春风景图画。首句点出初春小雨，一个"润"字写出了春雨的及时与可贵，"如酥"形容它的细滑润泽，这些准确地捕捉了春雨的特点。第二句紧承首句，写出了一种常人所不曾想象的早春景象。一片片野草沾了春雨之后，远看似是泛起了绿色，可近看却又什么都没有，描绘出了初春小草沾雨后的朦胧景象，同时也写出了春草刚刚发芽时若有若无、稀疏、矮小的特点。第三、四句对初春景色大加赞美：早春的小雨和草色是一年春光中最美的东西，远远超过了烟柳满城的衰落的晚春景色。写春景的诗，在唐诗中多取明艳的晚春，这首诗却取早春咏叹，认为早春比晚春景色优胜，别出新意；并且后两句直接抒情，把诗意又向前推进了一步。

思维导图与记忆 标题联想定桩：32-扇儿：风扇在春天的早上（早春）吹来了一阵凉雨（韩愈）。

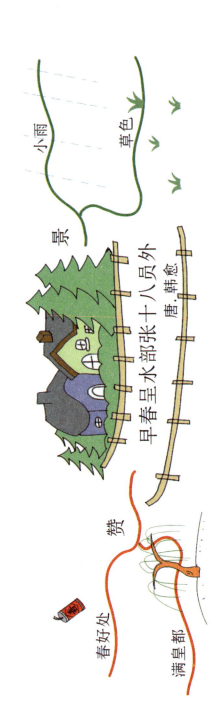

早春呈水部张十八员外

唐·韩愈

景

小雨

草色

赞

春好处

满皇都

33　渔歌子

（唐）张志和

西塞山前白鹭飞，

桃花流水鳜鱼肥。

青箬笠，

绿蓑衣，

斜风细雨不须归。

注释

西塞山：在浙江省湖州市西面。

白鹭：一种水鸟。

桃花流水：桃花盛开的季节正是春水盛涨的时候，俗称桃花汛或桃花水。

箬笠：竹叶编的笠帽。

蓑衣：用草或棕编制成的雨衣。

不须：不一定要。

译文

西塞山前白鹭在自由地翱翔，江水中，肥美的鳜鱼欢快地游着，漂浮在水中的桃花是那样的鲜艳而饱满。江岸一位老翁戴着青色的箬笠，披着绿色的蓑衣，冒着斜风细雨，悠然自得地垂钓，他被美丽的春景迷住了，连下了雨都不回家。

赏析

这是一首描写江南水乡渔家生活情趣的词，此词在秀丽的水乡风光和理想化的渔人生活中，寄托了词人爱自由、爱自然的情怀。词人选取了水乡最富特色的景物和细节，用质朴欢快的笔调，将西塞山前白鹭飞翔、桃花盛开、流水潺潺、鳜鱼肥美、渔翁垂钓的景象巧妙地结合起来，有声有色地为我们勾画出

一幅明艳新鲜、生动有趣的春景图、反映了词人陶醉于大自然的情怀、隐居江湖的乐趣。

词的首句中"西塞山前"点名地点，"白鹭"是闲适的象征，白鹭自在地飞翔衬托出渔夫的悠闲自得，此句意思是说：桃花盛开，江水猛涨，这时间鳜鱼长得正肥。这里桃红与水绿相映，表现出暮春时节西塞山前的湖光山色，渲染了渔夫的生活环境。三、四句描写了渔夫捕鱼的情态。渔夫戴青箬笠，穿绿蓑衣，在斜风细雨中乐而忘归。全词着色明丽，用语活泼，生动地表现了渔夫悠闲自在的生活。

思维导图与记忆 标题联想定桩：33-闪闪：波光闪闪的河上有个渔夫唱歌（渔歌子）吓走了一只纸鹤（张志和）。

物

西塞山　白鹭

桃花

鳜鱼

渔歌子
唐·张志和

人

蓑衣　箬笠

斜风

细雨

我的笔记

34　塞下曲（三）

（唐）卢纶

月黑雁飞高，
单于夜遁逃。
欲将轻骑逐，
大雪满弓刀。

注 释

塞下曲：古时边塞的一种军歌。

月黑：没有月光。

单于（chán yú）：匈奴的首领。这里指入侵者的最高统帅。

遁：逃走。

将：率领。

轻骑：轻装快速的骑兵。

逐：追赶。

满：沾满。

译 文

　　暗淡的月夜里，一群大雁惊叫着高飞而起，暴露了单于的军队想要趁夜色潜逃的阴谋。将军正要率领轻骑兵一路追击，大雪纷飞，弓刀上落满了雪花。

赏 析

　　这是卢纶《塞下曲》组诗中的第三首。卢纶曾任幕府中的元帅判官，对行伍生活有体验，描写此类生活的诗比较充实，风格雄劲。这首诗写将军雪夜准备率兵追敌的壮举，气概豪迈。前两句写敌军的溃逃。"月黑雁飞高"，月亮被云遮掩，一片漆黑，宿雁惊起，飞得高高。"单于夜遁逃"，在这月黑风高的不寻常的夜晚，敌军偷偷地逃跑了。"单于"，原指匈奴最高统治者，这里借指当时经常南侵的契丹等族的入侵者。

后两句写将军准备追敌的场面，气势不凡。"欲将轻骑逐"，将军发现敌军潜逃，要率领轻装骑兵去追击；正准备出发之际，一场纷纷扬扬的大雪落下，刹那间弓刀上落满了雪花。最后一句"大雪满弓刀"是严寒景象的描写，突出表达了战斗的艰苦性和将士们奋勇的精神。本诗情景交融。敌军是在"月黑雁飞高"的情景下溃逃的，将军是在"大雪满弓刀"的情景下准备追击的。一逃一追的气氛有力地渲染出来了。全诗没有写冒雪追敌的过程，也没有直接写激烈的战斗场面，但留给人们的想象是非常丰富的。

思维导图与记忆　标题联想定桩：34-绅士：一个绅士在炉子里塞下去（塞下曲）一个轮子（卢纶）。

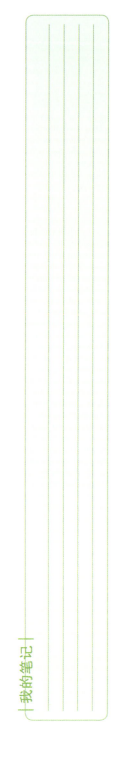

塞下曲

唐·卢纶

月雁

单于

遁逃

追敌

轻骑

大雪

我的笔记

35　望洞庭

（唐）刘禹锡

湖光秋月两相和，潭面无风镜未磨。
遥望洞庭山水翠，白银盘里一青螺。

注释

洞庭：湖名，在今湖南省北部。

两：指湖光和秋月。

和：和谐。指水色与月光互相辉映。

白银盘：形容平静而又清澈的洞庭湖面。白银：一作"白云"。

译文

洞庭湖的湖光和秋月相映衬，水面无风像是铜镜未磨。远望洞庭湖山青水绿，像是白银盘里托着青青的田螺。

赏析

这首诗选择月夜遥望的角度，把千里洞庭尽收眼底，并抓住最具代表性的湖光和山色，轻轻点染，通过丰富的想象和巧妙的比喻，别出心裁地把洞庭美景再现出来，表现出诗人惊人的艺术功力。第一句从水光月色的交融写起，表现湖面的开阔辽远，这应该是日暮时分的景象，天还没黑但月亮已经出来，如果天黑就看不出两者色彩的融合了。第二句用镜子的比喻表现夜晚湖面的平静，因为太阳已落，湖水不反光，像镜子没磨时光泽暗淡的样子。第三句写远景湖中君山翠绿的色彩，这里的"山水"实际只是指山，即湖中的君山。第四句再用一个比喻，将浮在水中的君山比作搁在白银盘子里的青螺。全诗纯然写景，既有描写的细致，又有比喻的生动，读来饶有趣味。洞庭湖风平浪静，波光粼粼，秋月与湖水互相映照，远处的群山仿佛就是那白银盘里托着的青螺，表现了诗人闲适的心情。

思维导图与记忆 标题联想定桩：35—珊瑚：珊瑚在洞庭湖（望洞庭）中疯狂生长，缠住了一块玉玺（刘禹锡）。

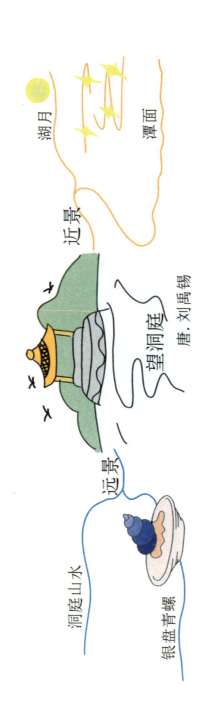

湖月

潭面

近景

望洞庭

唐·刘禹锡

远景

洞庭山水

银盘青螺

36 浪淘沙

（唐）刘禹锡

九曲黄河万里沙，
浪淘风簸自天涯。
如今直上银河去，
同到牵牛织女家。

注 释

浪淘沙：唐教坊曲名。创自刘禹锡、白居易，其形式为七言绝句。后又用为词牌名。

九曲：自古相传黄河有九道弯。形容弯弯曲曲的地方很多。

万里沙：黄河在流经各地时挟带大量泥沙。

浪淘风簸：黄河卷着泥沙，风浪滚动的样子。浪淘：波浪淘洗。簸：掀翻，上下簸动。

自天涯：来自天边。李白有一首诗中说："黄河之水天上来"。古人认为黄河的源头和天上的银河相通。

牵牛织女：银河系的两个星座名。自古相传，织女为天上仙女，下凡到人间，和牛郎结为夫妇。后西王母召回织女，牛郎追上天，西王母罚他们隔河相望，只准每年七月七日的夜晚相会一次。牵牛：即传说中的牛郎。

译 文

九曲黄河从遥远的地方蜿蜒奔腾而来，一路裹挟着万里的黄沙。既然你从天边而来，如今好像要直飞上高空的银河，请你带上我扶摇直上，汇集到银河中去，一同到牛郎和织女的家里做客吧。

赏 析

这首诗用淘金者的口吻来写，表明他们对美好生活的向往。同时在河边生活，牛郎织女生活的天河恬静而优美，黄河边的淘金者却天天在风浪泥沙中奔波。直上银河，同去牛郎织女家，寄托了他们心里对宁静的田园牧歌生活的憧憬。这种浪漫的理想，以豪迈的口语倾吐出来，是一种朴实无华直白的美。

诗人从一个极其宏大的空间背景着笔，将流经万里的九曲黄河尽收眼底。在这里，诗人运用了夸张的手法，把黄河写成从遥远的天际汹涌而来，携风卷浪，夹泥带沙，奔腾入海，场景非常壮阔。不仅如此，诗人还展开想象的翅膀，创造了一个奇特的景观：黄河携狂风、踏巨浪，直达天河，去与天上的牵牛、织女相会。全诗气势恢宏，意境优美。

思维导图与记忆 标题联想定桩：36—山鹿：山鹿在大浪里面淘沙子（浪淘沙），淘出了一块玉玺（刘禹锡）。

浪淘沙 唐·刘禹锡

天涯

黄河

银河

家

（牵牛织女）

37　赋得古原草送别

（唐）白居易

离离原上草，一岁一枯荣。
野火烧不尽，春风吹又生。
远芳侵古道，晴翠接荒城。
又送王孙去，萋萋满别情。

注 释

赋得：借古人诗句或成语命题作诗。诗题前一般都冠以"赋得"二字。这是古代人学习作诗或文人聚会分题作诗或科举考试时命题作诗的一种方式，称为"赋得体"。

离离：青草茂盛的样子。

一岁一枯荣：枯，枯萎。荣，茂盛。野草每年都会茂盛一次，枯萎一次。

远芳侵古道：芳，指野草那浓郁的香气。远芳，指远处的绿草。侵，侵占，长满。远处芬芳的野草一直长到古老的驿道上。

晴翠：草木在阳光下。

王孙：本指贵族后代，此指远方的友人。

萋萋：形容草木长得茂盛的样子。

译 文

长长的原上草是多么茂盛，每年秋冬枯黄春来草色浓。无情的野火只能烧掉干叶，春风吹来大地又是绿茸茸。野草野花蔓延着淹没古道，艳阳下草地青翠碧绿，连接着荒野上的古城。我又一次送走知心的好友，茂密的青草代表我的深情。

赏 析

这首诗既描写古原草的特点又兼有送别的意思。这里，诗人没有直接抒发人们送别时那种难舍难分的心情，而是采用拟人的手法来加以表现。这样写既紧扣题目，写活了草，又使诗歌回味悠长。

诗的前两句写在一望无际的古老郊原上，草木繁盛，枯荣交替，不知经历了多少春夏秋冬。这两句的如实描写，看似平淡，实际上揭示了那边古老草原上草木繁荣与枯败的自然规律。而诗人以"离离"二字冠于句首，给我们一种春草繁茂的印象，为下面的"野火烧不尽，春风吹又生"做了铺垫。这个千古名句不仅展示了草木的顽强生命力，而且揭示了大自然生生不息的客观规律，同时也象征人在逆境中顽强拼搏、奋发向上的精神。

"远芳侵古道，晴翠接荒城"极其形象地描写了春草的茂盛、原野的阔远及春日的和煦。"古道""荒城"紧扣题中"古原"，用人的代谢与自然界的光景常新做对照，以"侵""接"二字刻画春草蔓延、绿野广阔的景象、极其传神。结句"又送王孙去，萋萋满别情"，将友人之间的依依惜别之情化为触手可及的具体可感的形象，如在眼前。

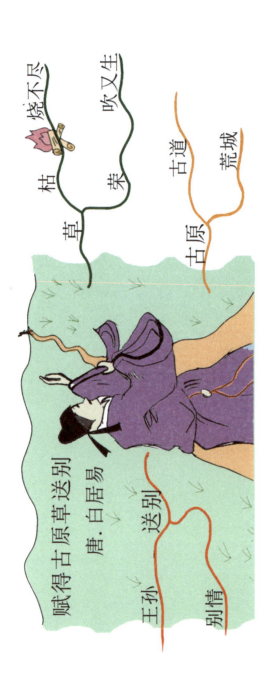

赋得古原草送别
唐·白居易

草
枯
荣
烧不尽
吹又生

古原
古道
荒城

送别
王孙
别情

38 池 上

（唐）白居易

小娃撑小艇，
偷采白莲回。
不解藏踪迹，
浮萍一道开。

注释

小娃：男孩儿或女孩儿。

撑：撑船，用桨使船前进。

艇：船。

白莲：白色的莲花。

不解：不知道；不懂得。

踪迹：指被小艇划开的浮萍。

浮萍：水生植物，椭圆形叶子浮在水面，叶下面有须根，夏季开白花。全草类。

一道：一路。

开：分开。

译文

一个小孩撑着小船，偷偷地采了白莲回来。不知道在池塘里藏起踪迹，那划开的浮萍泄露了他的行踪。

赏析

这是一首写儿童生活的诗。诗人以他特有的通俗笔触将诗中的小娃描写得非常可爱、可亲、可信。整首诗如同大白话，但极富韵味，令人读后忍俊不禁。

　　诗的开头写孩子划着小木船偷采完白莲后高兴而归，诗人巧妙地写出了孩子的活泼可爱，也表现了孩子的稚嫩天真，觉得此事不会被人发现。接着写浮萍被冲到两边，露出光洁的水面，但天真的孩子不认为这是破绽。这首诗好比一组镜头，拍摄下一个小孩儿偷采白莲的情景。从诗的小主人公撑船进入画面，到他离去只留下被划开的一片浮萍，有景有色，有行动描写，有心理刻画，细致逼真，富有情趣。同时这个小主人公的天真幼稚、活泼淘气的可爱形象，也就栩栩如生，跃然纸上了。

思维导图与记忆 标题联想定桩：38-沙发：沙发放在池子上（池上），爬着很多白蚁（白居易）。

小艇

白莲

撑

采

开

浮萍

踪迹

藏

池上 唐·白居易

水

39　忆江南

（唐）白居易

江南好，
风景旧曾谙。
日出江花红胜火，
春来江水绿如蓝。
能不忆江南？

注 释

忆江南：唐教坊曲名。作者题下自注说："此曲亦名'谢秋娘'，每首五句。"按《乐府诗集》："'忆江南'一名'望江南'，因白氏词，后遂改名'江南好'。"至晚唐、五代成为词牌名。这里所指的江南主要是长江下游的江浙一带。

谙（ān）：熟悉。作者年轻时曾三次到过江南。

江花：江边的花朵。一说指江中的浪花。

红胜火：颜色鲜红胜过火焰。

绿如蓝：绿得比蓝还要绿。如，用法犹"于"，有胜过的意思。蓝，蓝草，其叶可制青绿染料。

译 文

江南的风景多么美好，如画的风景久已熟悉。春天到来时，太阳从江面升起，把江边的鲜花照得比火红，碧绿的江水绿得胜过蓝草。怎能叫人不怀念江南？

赏 析

这是作者老年回忆江南风景时所写的词，共三首，这是第一首。词的开头，抒发了作者对江南美景的总体印象和深刻的怀念之情。首句以一个"好"

字，摄尽江南春色的种种佳处，而作者的赞颂之意与向往之情也暗寓其中。同时，只有"好"才能"忆"不休，因此，此句又与末句"能不忆江南"相呼应。次句点名江南风景的"好"并非来自于传闻，而是作者在杭州时的亲身体验与感受。三、四两句对江南的"好"进行形象化的阐述，突出渲染江花、江水红绿相映的明艳色彩，给人以光彩夺目的强烈印象。其中，既有同色间的相互烘托，又有异色间的相互映衬，充分显示了作者善于着色的技巧。最后以"能不忆江南"结束全诗，既表现了作者对江南春色的无限赞叹与怀念，又造成一种悠远而又深长的韵味，把读者带入余情摇漾的境界之中。全诗风格清新，语调轻松活泼。

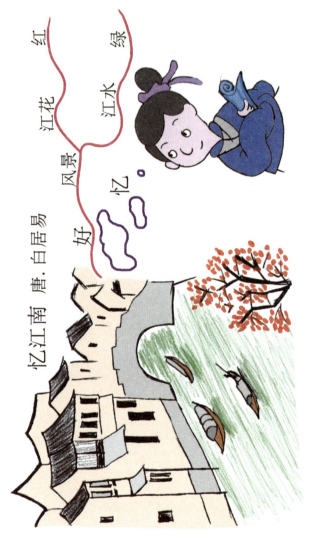

忆江南 唐·白居易

好
风景
忆

江花 —— 红
江水 —— 绿

40　小儿垂钓

（唐）胡令能

蓬头稚子学垂纶，

侧坐莓苔草映身。

路人借问遥招手，

怕得鱼惊不应人。

注释

蓬头：形容小孩可爱。

稚子：年龄小的、懵懂的孩子。

垂纶：钓鱼。纶：钓鱼用的丝线。

莓：一种野草。

苔：苔藓植物。

映：遮映。

借问：向人打听。

鱼惊：鱼儿受到惊吓。

应：回应，答应，理睬。

译文

一个头发蓬乱、面孔青嫩的小孩在河边学着大人钓鱼，侧着身子坐在草丛中，野草掩映了他的身影。遇到有人问路，他老远就招着小手，因为不敢大声应答，生怕惊动了鱼儿。

赏析

这是一首描写儿童生活的佳作，情景交融、形神兼备。此诗没有绚丽的色彩，没有刻意的雕饰，就像一枝清丽的出水芙蓉，在平淡浅易的叙述中透露出几分纯真和童趣。

诗的前两句从外形着笔，是实写。"蓬头"是外貌，突出了小孩的幼稚顽皮，天真可爱。诗人对这垂钓小儿的外貌不加粉饰，直写出山野孩子头发蓬乱的本来面目，使人觉得自然可爱与真实可信。在垂钓时，"侧坐"姿态，带有随意坐下的意思。从这里，也可以想见小儿不拘小节地专心致志于钓鱼的情景。后两句中"遥招手"的主语还是小儿。当路人向他人问路，孩子害怕应答而把鱼吓跑，从老远就招手而不回答。这是从心理方面来刻画小孩的机警聪明。整首诗洋溢着一种童趣美。

思维导图与记忆 标题联想定桩：40—司令：司令教一个小儿钓鱼（小儿垂钓），湖里能（胡令能）钓很多鱼。

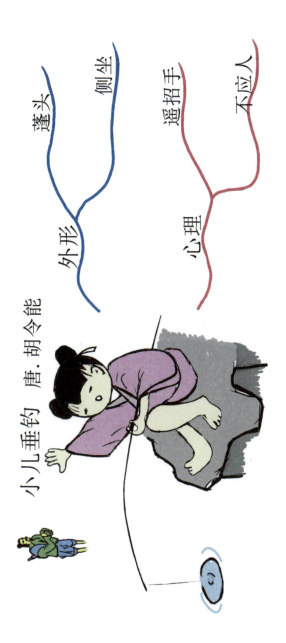

小儿垂钓　唐·胡令能

外形　蓬头　侧坐

心理　遥招手　不应人

41 悯农（一）

（唐）李绅

锄禾日当午，
汗滴禾下土。
谁知盘中餐，
粒粒皆辛苦。

注释

禾：谷类植物的统称。

餐：一作"飧"。熟食的通称。

译文

农民在正午烈日的暴晒下锄禾，汗水从身上滴在禾苗生长的土地上。又有谁知道盘中的饭食，每颗每粒都是农民用辛勤的劳动换来的呢？

赏析

这是一首描写农民辛苦种田的诗，多年来一直为人们所传诵。全诗描绘了农民在烈日炙烤下，挥汗锄地的劳动场景。描写形象生动，语言通俗易懂。诗中深深感叹粮食来之不易，劝导人们要珍惜粮食，表现了诗人对农民深深的同情与怜悯之情。

诗的开头两句描述了农民在烈日下劳动的情景，烈日当头，酷暑炎炎，他们脸上落下的汗水不停地滴进土中。这一场景形象地概括了劳苦农民整日的艰辛。三四句，诗人发出感叹并由此忠告人们：一定要珍惜每粒粮食，因为那都是农民用辛苦的汗水换来的。同时，也从另一个方面反映了诗人的博大情怀。

思维导图与记忆 **标题联想定桩：** 41-蜥蜴：蜥蜴像爬进一个农民（悯农）的家里，发现了一个女生（李绅）。

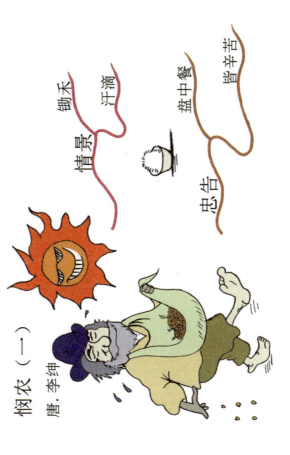

悯农（一）

唐·李绅

情景　锄禾　汗滴

忠告　盘中餐　皆辛苦

我的笔记

42 悯农（二）

（唐）李绅

春种一粒粟，秋收万颗子。
四海无闲田，农夫犹饿死。

注 释

悯：怜悯。这里有同情的意思。诗一作《古风二首》。

粟：泛指谷类。

秋收：一作"秋成"。

子：指粮食颗粒。

四海：指全国。

闲田：没有耕种的田。

译 文

春天播种下一粒种子，到了秋天就可以收获很多的粮食。天下没有一块不被耕作的田，可仍然有种田的农夫被饿死。

赏 析

这是一首揭露社会不公并同情农民疾苦的诗，表现了对农民疾苦的深切同情，并着重描写封建社会农民所受的残酷剥削。诗的一、二句以"春种""秋收"概括地书写农民的劳动。从"一粒粟"化为"万颗子"，形象地写出了丰收的景象。第三句突出全国的土地都已开垦，没有一处田地闲置着。此句与前两句的语意互相补充，进而展现出硕果累累、遍地金黄的丰收景象。农民们辛勤劳动创造出如此巨大的财富，在丰收的年头，照理该丰衣足食了吧？谁知结句却是"农夫犹饿死"，真是令人触目惊心！一个"犹"字，发人深思：到底是谁剥夺了劳动成果，陷农民于死地呢？"犹饿死"三字深刻地揭露出社会的不公平，同时凝聚着诗人强烈的愤慨和真挚的同情。

思维导图与记忆 标题联想定桩：42−柿儿：柿儿从从树上掉下来砸到了农民（悯农）的女儿（李绅）。

悯农（二）
唐·李绅

春种
秋收
劳动

无闲田
同情
犹饿死

43　江　雪

（唐）柳宗元

千山鸟飞绝，
万径人踪灭。
孤舟蓑笠翁，
独钓寒江雪。

注释

绝：无，没有。

万径：虚指，指千万条路。

人踪：人的脚印。

孤：孤零零。

蓑笠（suō lì）：蓑衣和斗笠。蓑，古代用来防雨的衣服；笠，古代用来防
雨的帽子。

独：独自。

译文

所有的山，飞鸟全都断绝；所有的路，不见人影踪迹。江上孤舟，渔翁披
蓑戴笠；独自垂钓，不怕冰雪侵袭。

赏析

柳宗元的山水诗，大多描写比较幽僻清冷的境界，借以抒发自己遭受迫害
被贬的抑郁悲愤之情。这是一首即景抒情的名篇，描绘了一幅冬日里临江垂钓
的图景，塑造了一个在雪天独自钓鱼的老渔翁的形象。诗人以对画面寒冷、寂
静的描写，突出老渔翁的孤独，借此比喻诗人的寂寞情怀，也表现出诗人不畏
严寒、勇于抗争的精神。

诗的开头两句描写雪景，"千山""万径"都是夸张语。山中本应有鸟，

路上本应有人，但实际上却"鸟飞绝""人踪灭"。诗人用飞鸟远遁、行人绝迹的景象渲染出一个荒凉寂寞的境界，全诗虽未直接用"雪"字，但读者似乎已经见到了铺天盖地的大雪，已经感受到了凛冽逼人的寒气，这正是当时严酷的政治环境的折射。三、四句刻画了一个寒江独钓的渔翁形象。漫天大雪，几乎没有任何生命的地方，有一只孤单的小船，船上有位渔翁，头戴斗笠，身披蓑衣，独自在大雪纷飞的江面上垂钓。这个渔翁的形象显然是诗人自身的写照，从而曲折地表达出诗人在政治改革失败后虽处境孤独，却顽强不屈、凛然无畏、傲岸清高的精神面貌。

标题联想定桩：43–石山：右山下的江上下起了大雪（江雪），压倒了江边的柳树（柳宗元）。

江雪
唐·柳宗元

鸟

人

雪景

孤

独

渔翁

我的笔记

120

44 寻隐者不遇

（唐）贾岛

松下问童子，
言师采药去。
只在此山中，
云深不知处。

注 释

寻：寻访。

隐者：隐士，指古代那些不愿意做官而隐居山林中的人。

童子：古代指未成年人，这里是指隐者的徒弟。

言：说，告诉。

云深：指山深云雾浓。

译 文

苍松下，我询问了年少的学童；他说，师父已经采药去了山中。他还对我说：就在这座大山里，可是林深云密，不知他的行踪。

赏 析

诗人专程走访一位隐士时没有找到他，就记下了在走访过程中的对话场景。诗的首句点明会晤地点在"松下"，接待人是"童子"，这就把"不遇"的情节做了交代。松树是"岁寒三友"之一。古人写松树大多与表现孤傲高洁的品质有关，此句也是为了突出隐士的高洁。以下三句全是童子的回答。首先回答的是"言师采药去"，介绍师父外出的目的，采药是隐者经常性的活动，因为"采药"一词十分切合隐者的身份。第三句的回答是承接第二句来的，说师父就在这座山中采药，对师父的大致去向给予明确的回答，这是热情的指引。第四句来个转折，说虽在山中，但云雾弥漫，不知他具体在何处。"云深

不知处"，实际不只是诗人对隐者的描绘，也正是诗人自己所追求的与向往的人生境界。

这首诗明写访友未遇，实则巧妙地通过小徒弟的描述，让我们去想象这位隐士风采：他远离尘世，以深山为家，与松林做伴，似白云般洁身自爱，又如云雾般行踪不定。虽然没有直接描写隐士，但隐士的形象已展现在读者眼前。同时，这清新的画面和自然的言语，无不表现出诗人对隐士生活的倾慕和追求。

思维导图与记忆 标题联想定桩：44—狮子：狮子寻找隐者没有遇到，来到了一座假岛上（贾岛）。

寻隐者不遇

唐·贾岛

童子

问

采药

言

山中

不知处

我的笔记

45 山 行

（唐）杜牧

远上寒山石径斜，
白云生处有人家。
停车坐爱枫林晚，
霜叶红于二月花。

注释

山行：在山中行走。

寒山：深秋季节的山。

石径：石子的小路。

斜：此字读xiá，为倾斜的意思。

生：一作"深"。

坐：因为。

霜叶：枫树的叶子经深秋寒霜之后变成了红色。

红于：比……更红，本文指霜叶红于二月花。

译文

上山的石头小路曲折蜿蜒，白云飘处隐隐约约有几户人家。停下车来是因为喜欢晚秋的枫叶，霜染的枫叶胜过二月鲜艳的花朵。

赏析

这是一首赞美深秋山林景色的七言绝句。全诗展现了秋天山林热烈蓬勃的景象，表现了诗人豪爽向上的精神和国人的才气与见地。诗中的山路、人家、白云、红叶，构成了一幅和谐统一的画面。

诗的首句由下而上，描写一条石头小路蜿蜒曲折地伸向充满秋意的山峦。"寒"字点明深秋季节；"远"字写出山路的绵长；"斜"字照应首句的

"远"字，写出了高而缓的山势。由于坡度不大，所以可乘车游山。次句描写诗人山行时所看到的远处风光。一个"生"字，形象地表现了白云升腾、缭绕和飘浮等种种动态，也说明山很高。"有人家"三字会使人联想到炊烟袅袅，鸡鸣犬吠，从来感到深山充满生气，没有一点儿死寂的恐怖；同时，这三字还照应了上句中的"石径"，因为这"石径"便是山里居民的通道。第三句中的"坐"解释为"因为"。因为夕照枫林的晚景实在太迷人了，所以诗人特地停车观赏。"晚"字用得无比精妙，塔蕴含多层意思：1.点明前两句是白天所见，后两句是傍晚之景。2.因为傍晚才有夕照，绚丽的晚霞和红艳的枫叶互相辉映，枫林才格外美丽。3.诗人流连忘返，到了傍晚还舍不得登车离去，足见他对红叶喜爱至极。4.因为停车很久，观察细致，才能悟出第四句"霜叶红于二月花"是全诗的中心句。前三句的描写都是在为这句做铺垫和烘托。全诗充满生机，曾广为传唱，经久不衰。

思维导图与记忆 标题联想定桩：45-师傅：唐僧师傅在山上行走（山行），被木头（杜牧）拦住了去路。

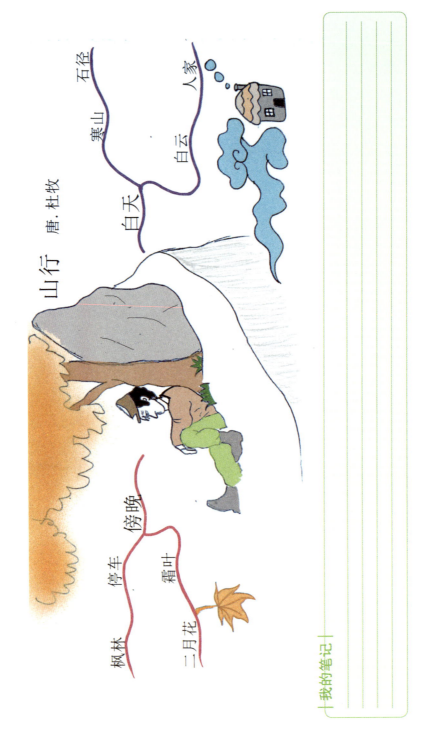

山行 唐·杜牧

石径
寒山
人家
白云
白天
枫林
停车
傍晚
霜叶
二月花

我的笔记

46 清 明

（唐）杜牧

清明时节雨纷纷，
路上行人欲断魂。
借问酒家何处有？
牧童遥指杏花村。

注释

清明：二十四节气之一，在阳历四月五日前后。旧俗当天有扫墓、踏青、插柳等活动。宫中以当天为秋千节，坤宁宫及各后宫都安置秋千，嫔妃做秋千之戏。

纷纷：形容多。

欲断魂：形容伤感极深，好像灵魂要与身体分开一样。断魂：神情凄迷，烦闷不乐。这两句是说，清明时候，阴雨连绵，飘飘洒洒下个不停；如此天气，如此节日，路上行人情绪低落，神魂散乱。

借问：请问。

杏花村：杏花深处的村庄。今在安徽贵池秀山门外。受此诗影响，后人多用"杏花村"做酒店名。

译文

江南清明时节细雨纷纷飘洒，路上羁旅行人个个落魄断魂。借问当地之人何处买酒浇愁？牧童笑而不答，遥指杏花山村。

赏析

依照民间习俗，清明节这一天要为死去的家人扫墓，祭奠亡魂，诗人远离故乡又逢细雨绵绵，悲愁之情油然而生。这首诗的内容清丽可人，语言通俗易懂，意境含蓄优美。

　　诗的前两句交代了时间和情景，"路上行人欲断魂"直点行人当时的心境，他孤身一人在陌生的地方赶路，心里的滋味已经不好受，偏偏又淋了雨，衣衫全被打湿，心境就更加凄迷纷乱了。如何来排遣这些愁绪呢？接下来的两句就回答了这个问题，找家小酒店排遣一下。但是诗人又没有点明行人是向谁问的，只有末句给了我们无尽的想象，为读者开拓了一处远比诗篇所显示的更为广阔的想象余地。全诗情景交融，画面真切，千百年来为人传唱。

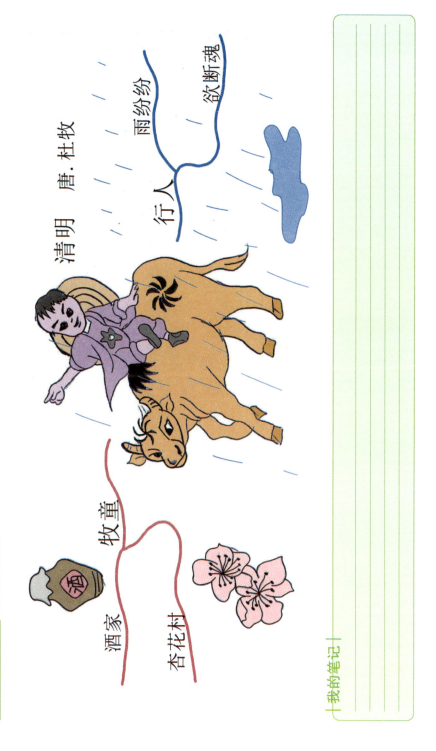

思维导图与记忆 标题联想定桩：46—石榴：石榴在清明节的时候长在木头上（杜牧）。

清明 唐·杜牧

雨纷纷

欲断魂

行人

牧童

酒家

杏花村

我的笔记

47 江南春

（唐）杜牧

千里莺啼绿映红，
水村山郭酒旗风。
南朝四百八十寺，
多少楼台烟雨中。

注 释

莺啼：即莺啼燕语。

郭：外城。此处指城镇。

酒旗：一种挂在门前以作为酒店标记的小旗。

南朝：指先后与北朝对峙的宋、齐、梁、陈政权。

四百八十寺：南朝皇帝和官僚好佛，在京城（今南京市）大建佛寺。据《南史·循吏·郭祖深传》说："都下佛寺五百余所。"这里说四百八十寺，是虚数。

楼台：楼阁亭台。此处指寺院建筑。

烟雨：细雨蒙蒙，如烟如雾。

译 文

江南大地鸟啼声声绿草红花相映，水边村寨山麓城郭处处酒旗飘动。南朝遗留下的四百八十多座古寺，无数的楼台全笼罩在风烟云雨中。

赏 析

这首诗主要描绘了江南春天的景色。全诗既写出了江南春景的丰富多彩，又写出了江南春天的广阔、深邃与迷离，还不乏讽刺，诗人希望唐王朝以南朝为鉴，防止好佛之事再次发生。

诗的一开头给人以广阔的视野。"千里"写整个江南，但又通过一个个具体的意向来表现。诗人仿佛把我们带入了江南那花红柳绿的世界，尤其是那迎风招展的酒旗，多么令人心驰神往！这两句有红绿映衬、山水映衬、村庄和城郭的映衬，有动静与声色的映衬。诗的三、四两句写江南的雨。先写了江南的寺庙，起衬托作用。佛寺金碧辉煌，屋宇重重叠叠，本来就给人一种深邃、庄严的感觉，现在诗人又特意让它掩映于迷蒙的烟雨之中，就更增加了一种朦胧迷离的色彩。春天江南迷人的景色，经过诗人生花妙笔的点染，显得更加动人心弦。这样的画面和色调，与前两句的明朗绚丽相映，使得这幅"江南春"的图画变得更加丰富多彩。

思维导图与记忆　　标题联想定桩：47-司机：司机开车来江南春游，看到的都是木头（杜牧）。

江南春
唐·杜牧

景
　莺啼
　酒旗

寺
　南朝
　烟雨

48　蜂

（唐）罗隐

不论平地与山尖，无限风光尽被占。
采得百花成蜜后，为谁辛苦为谁甜？

注释

山尖：山峰。

尽：都。

甜：醇香的蜂蜜。

译文

无论是在平地，还是在那高山，哪里鲜花迎风盛开，哪里就有蜜蜂奔忙。蜜蜂啊，你采尽百花酿成了花蜜，到底为谁付出辛苦，又想让谁品尝香甜？

赏析

这是一首咏物诗，也是一首寓言诗。小蜜蜂为了酿蜜劳苦一生，付出多享受少。诗人着眼于此，短短几句，说出了一个深刻的人生感慨。全诗寄寓了诗人辛苦归自己、甜蜜给别人的高尚品格，为人们指出了一条做人的准则，即要像蜜蜂那样时刻想着他人。诗中抓住小蜜蜂的特点，平淡中见深意，不做作，不雕饰，没有华丽词句，是一首影响深远的诗歌。

诗的开头两句用"不论"与"尽"，写出了蜜蜂从早到晚无时不在辛勤地忙碌，后两句承接上面提出了一个值得人们思考的问题，蜜蜂辛勤的劳动到底是为谁呢？诗人并没有直接回答，但我们却能完全明白，都在诗人这无限的感慨之中了。并且诗人还揭示了一个残酷的人生现象：那些像蜜蜂一样的劳苦大众，创造了无尽的财富，而这些财富都被统治者全部占有，自己却仍然吃不饱穿不暖，赞扬广大劳动者的同时表达了对统治者的痛恨与不满。

思维导图与记忆　**标题联想定桩：** 48—石板：石板砌到了蜜蜂窝，蜜蜂都隐藏（罗隐）起来了。

蜂　唐·罗隐

平地山尖

无限风光

占

为

百花成蜜

辛苦

甜

我的笔记

49　江上渔者

（北宋）范仲淹

江上往来人，
但爱鲈鱼美。
君看一叶舟，
出没风波里。

注释

渔者：捕鱼的人。

但：只。

爱：喜欢。

鲈鱼：一种头大口大、体扁鳞细、背青腹白、味道鲜美的鱼。生长快，体大味美。

君：你。

一叶舟：像漂浮在水上的一片树叶似的小船。

出没：若隐若现。指一会儿看得见，一会儿看不见。

风波：波浪。

译文

江上来来往往的人只喜爱鲈鱼的味道鲜美。看看那些可怜的打鱼人吧，正驾着小船在大风大浪里上下颠簸，飘摇不定。

赏析

这首诗描写了渔民生活的艰苦，指出江上来来往往饮酒作乐的人们，只知道品尝鲈鱼味道的鲜美，却不知道也不想知道渔民出生入死同惊涛骇浪搏斗的艰辛，反映了渔民劳作的艰辛，唤起人们对民生疾苦的关注。全诗语言朴实，形象生动，对比强烈，耐人寻味。

　　诗的首句写江岸上人来人往，十分热闹。次句写岸上人的心态，揭示"往来"的原因。后两句写出了渔民乘着风浪中忽隐忽现的小船捕鱼的情景。鲈鱼虽然味道鲜美，捕捉却很辛苦，由此表达出诗人对渔民疾苦的同情，同时深含对"但爱鲈鱼美"的岸上人的规劝。"江上"和"风波"两种环境、"往来人"和"一叶舟"两种情态、"往来"和"出没"两种动态强烈对比，显示出全诗的主旨所在。

思维导图与记忆 标题联想定桩：49-石球：石球砸到了江上的渔夫，渔夫掉到江中淹（范仲淹）死了。

江上渔者　北宋·范仲淹

往来人　爱鲈鱼

渔者　一叶舟
　　　风波里

50　元　日

（北宋）王安石

爆竹声中一岁除，
春风送暖入屠苏。
千门万户瞳瞳日，
总把新桃换旧符。

注释

元日：农历正月初一，即春节。

爆竹：古人烧竹子时使竹子爆裂发出的响声。用来驱鬼避邪，后来演变成放鞭炮。

一岁除：一年已尽。除：逝去。

屠苏：指屠苏酒。饮屠苏酒也是古代过年时的一种习俗，大年初一全家合饮这种用屠苏草浸泡的酒，以驱邪避瘟疫，求得长寿。

千门万户：形容门户众多，人口稠密。

瞳瞳：日出时光亮而温暖的样子。

桃：桃符，古代一种风俗，农历正月初一时人们用桃木板写上神荼、郁垒两位神灵的名字，悬挂在门旁，用来压邪。也作春联。

译文

阵阵轰鸣的爆竹声中，旧的一年已经过去；和暖的春风吹来了新年，人们欢乐地畅饮着新酿的屠苏酒。初升的太阳照耀着千家万户，他们都忙着把旧的桃符取下，换上新的桃符。

赏析

这首诗描写新年元日热闹、欢乐和万象更新的动人景象，抒发了作者革新政治的思想感情。

首句"爆竹声中一岁除"，在阵阵鞭炮声中送走旧岁，迎来新年。起句紧扣题目，渲染春节热闹欢乐的气氛。次句"春风送暖入屠苏"，描写人们迎着和煦的春风，开怀畅饮屠苏酒。第三句"千门万户曈曈日"，写旭日的光辉普照千家万户。用"曈曈"表现日出时光辉灿烂的景象，象征无限光明美好的前景。结句"总把新桃换旧符"，既是写当时的民间习俗，又寓含除旧布新的意思。"桃符"是一种绘有神像、挂在门上避邪的桃木板。每年元旦取下旧桃符，换上新桃符。"新桃换旧符"与首句爆竹送旧岁紧密呼应，形象地表现了万象更新的景象。

思维导图与记忆 **标题联想定桩:** 50-武林:武林高手在春节(元日)表演胸口碎大石(王安石)。

元日 北宋·王安石

爆竹

屠苏

新桃

51　泊船瓜洲

（北宋）王安石

京口瓜洲一水间，

钟山只隔数重山。

春风又绿江南岸，

明月何时照我还。

注释

泊船：停船。泊，停泊。指停泊靠岸。

瓜洲：镇名，在长江北岸，扬州南郊，即今扬州市南部长江边，京杭运河分支入江处。

京口：古城名。故址在江苏镇江市。

一水：一条河。古人除将黄河特称为"河"，长江特称为"江"之外，大多数情况下称河流为"水"，这里的"一水"指长江。一水间指一水相隔之间。

钟山：在江苏省南京市区东。

绿：吹绿。

译文

京口和瓜洲不过一水之遥，钟山也只隔着几重青山。温柔的春风又吹绿了大江南岸，可是，天上的明月呀，你什么时候才能够照着我回家呢？

赏析

诗以"泊船瓜洲"为题，点明诗人的立足点。首句"京口瓜洲一水间"写了望中之景。诗人站在长江北岸瓜洲渡口放眼南望，看到了南岸的"京口"与这边的"瓜洲"这么近，就一条江水的距离，不由得联想到家园所在的钟山也只隔几座山了，也不远了。次句"钟山只隔数重山"暗示诗人归心

似箭的心情。

第三句为千古名句，再次写景，点出了时令已经是春天，描绘了长江南岸的景色。"绿"字是吹绿的意思，是使动静结合，用得绝妙。传说王安石为用好这个字改动了十多次，从"到""过""入""满"等十多动词中最后选定了"绿"字。因为其他文字只表达春风的到来，却没表现春天到来后千里江岸一片新绿的景物变化。结句"明月何时照我还"，诗人眺望已久，不觉皓月初上，诗人用疑问的句式，想象出一幅"明月照我还"的画面，进一步表达了诗人的思乡之情！

思维导图与记忆 标题联想定桩：51-狐狸：狐狸将船停泊在有很多瓜的岛的岛上，岛上有很多的石头（王安石）。

泊船瓜洲

北宋·王安石

景
　京口
　瓜洲
　钟山
　春风
　一水间
　数重山
　江南岸

情
　明月
　照我还

52　书湖阴先生壁

（北宋）王安石

茅檐长扫净无苔，
花木成畦手自栽。
一水护田将绿绕，
两山排闼送青来。

注释

书：书写，题诗。

湖阴先生：本名杨德逢，隐居之士，是王安石晚年居住在金陵紫金山（今江苏南京）时的邻居。

茅檐：茅屋檐下，这里指庭院。

无苔：没有青苔。

成畦（qí）：成垄成行。畦：经过修整的一块块田地。

译文

茅草房庭院经常打扫，洁净得没有一丝青苔。花草树木成行成垄，都是主人亲手栽种。庭院外一条小河保护着农田，并且环绕着农田；两座大山打开门来为人们送去绿色。

赏析

这是王安石题在杨德逢家墙壁上的一首诗。赞美杨家屋前的清幽，给人一种身临其境的感觉。

诗的前两句是通过庭院的干净和美观来写人的。首句是以"净"写人，第二句是以"美"写人。院子里干净得连青苔都没有，这在多雨潮湿青苔遍地滋生的江南实在太不容易了，而湖阴先生的院子就是这样，足见他的勤劳。湖阴先生的院子不仅干净，而且还栽种了"成畦"的花草树木，并且是他亲手栽种的，这不仅体现出他的勤劳，也反映了他的爱美之心和乐于创造美的崇高情趣。

诗的后两句是以庭院之外的山水环境写人。山水本是无情之物，可诗人却说水"护田"、山"送青"，"水"对"田"的呵护之举，"山"对"人"的友爱之情，赋予了原本没有生命和意识的山水以人的情感。特别是"排闼"一词，生动地写出了"两山""送青"的急切情态。这两句诗在修辞技巧上也堪称典范，诗人将对偶、拟人、借代多种修辞手法融会在一起，把山水描写得有情有义，鲜活灵动，妙趣横生，成为千古传诵的名句。

思维导图与记忆 **标题联想定桩：**52-斧儿：用斧儿劈湖阴先生的墙壁，劈出了一块块石头（王安石）。

书湖阴先生壁

北宋·王安石

庭院内

茅檐

静　　无苔

　　　美

　　　花木

庭院外

绿　水

青　山

我的笔记

53 六月二十七日望湖楼醉书

（北宋）苏轼

黑云翻墨未遮山，

白雨跳珠乱入船。

卷地风来忽吹散，

望湖楼下水如天。

注释

六月二十七日：指宋神宗熙宁五年（1072年）六月二十七日。

望湖楼：古建筑名，又叫看经楼。位于杭州西湖畔，五代时吴越王钱弘俶（又名钱弘）所建。

醉书：饮酒醉时写下的作品。

翻墨：打翻的黑墨水，形容云层很黑。

遮：遮盖，遮挡。

白雨：指夏日阵雨的特殊景观，因雨点大而猛，在湖光山色的衬托下，显得白而透明。

跳珠：跳动的水珠（珍珠），用"跳珠"形容雨点，说明雨点大，杂乱无序。

卷地风来：指狂风席地卷来。又如，韩退之《双鸟》诗："春风卷地起，百鸟皆飘浮。"

水如天：形容湖面像天空一般开阔而且平静。

译文

乌云上涌，就如墨汁泼下，却又在天边露出一段山峦，明丽清新，大雨激起的水花如白珠碎石，飞溅入船。忽然间狂风卷地而来，吹散了满天的乌云，而那西湖的湖水碧波如镜，明媚温柔。

赏 析

　　这首诗写的是夏天西湖下阵雨时的景象。诗中抓住夏日下阵雨时的特点，描绘出雨前、雨中、雨后不同的情景。

　　第一句写云：乌云像打翻了黑墨水，还未来得及把山遮住。诗中用"翻墨"比作乌云，形象逼真。第二句写雨：白亮亮的雨点落在湖面上溅起无数水花，乱纷纷地跳进船舱。用"跳珠"形容雨点，有声有色。一个"未"字，突出了天气变化之快；"跳""乱"，写出了暴雨之大，雨点之急。第三句写风：猛然间，狂风席卷大地，吹得湖面上霎时雨散云飞。"忽"字用得十分轻巧，突出天色变化之快，显示了风的巨大威力。最后一句写天和水：雨过天晴，风平浪息，诗人舍船登楼，凭栏而望，只见湖面上的水色和天光一样明净、一色的蔚蓝。风呢？云呢？统统不知哪儿去了，平静的湖面就像那广阔的蓝天，刚才的一切好像全都不曾发生似的。全诗体现了诗人对西湖的喜爱之情，描写生动逼真，使读者有身临其境的感觉。

思维导图与记忆 标题联想定桩：53-火山：火山在望湖楼爆发，喷出很多梳子（苏轼）。

六月二十七日望湖楼醉书 北宋·苏轼

黑云 翻墨

白雨 跳珠

卷 吹散

湖 如天

54　饮湖上初晴后雨

（北宋）苏轼

水光潋滟晴方好，
山色空蒙雨亦奇。
欲把西湖比西子，
淡妆浓抹总相宜。

注释

湖：即杭州西湖。

潋滟（liàn yàn）：水面波光闪动的样子。

方好：正是显得很美。

空蒙：蒙，通濛。细雨朦胧的样子。

西子：西施，春秋时代越国有名的美女，原名施夷光，或称先施，居古代四大美女（西施、王昭君、貂蝉、杨玉环）之首。家住浣纱溪村（在今浙江诸暨市）西，所以称为西施。

相宜：也显得十分美丽。

译文

在灿烂的阳光照耀下，西湖水微波粼粼，波光艳丽，看起来很美；雨天时，在雨幕的笼罩下，西湖周围的群山朦朦胧胧，若有若无，也显得非常奇妙。若把西湖比作古美女西施，淡妆浓抹都是那么的十分适宜。

赏析

这是一首赞美西湖美景的诗，写于诗人任杭州通判期间。原诗有两首，这是第二首。本诗表达了诗人对西湖的无限热爱和对祖国山河的无限赞美之情。

诗的首句描写西湖晴天的水光：在灿烂的阳光照耀下，西湖水波荡漾，波光闪闪，十分美丽。次句描写雨天的山色：在雨幕笼罩下，西湖周围的群山朦朦胧胧，若有若无，非常奇妙。从这首诗的题目可以得知，这一天诗人在西湖游宴，起初阳光明丽，后来下起了雨。在善于领略自然美景的诗人眼中，西湖的晴姿雨态都是美好奇妙的。"晴方好""雨亦奇"，是诗人对西湖美景的赞誉。

"欲把西湖比西子，淡妆浓抹总相宜"两句，诗人用一个奇妙而又贴切的比喻写出了西湖的神韵。诗人之所以拿西施来比西湖，不仅仅是因为二者同在越地，同有一个"西"字，同样具有婀娜多姿的阴柔之美，更主要的是她们都具有天然美的姿质，不用借助外物，不必依靠人为的修饰，随时都能展现美的风致。西施无论浓施粉黛还是淡描蛾眉，总是风姿绰约的；西湖不管晴姿雨态还是花朝月夕，都是美妙无比，令人神往。这个比喻得到后世的公认，从此，"西子湖"就成了西湖的别称。

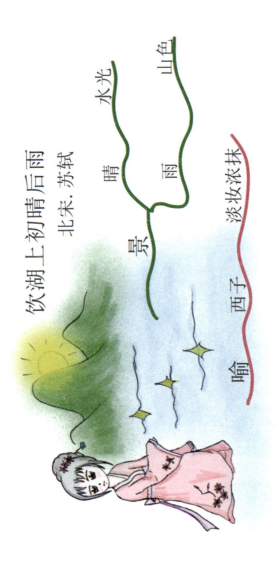

饮湖上初晴后雨
北宋·苏轼

水光　晴
山色　雨
景
西子　淡妆浓抹
喻

我的笔记

152

55　惠崇《春江晚景》

（北宋）苏轼

竹外桃花三两枝，

春江水暖鸭先知。

蒌蒿满地芦芽短，

正是河豚欲上时。

注释

惠崇（亦为慧崇）：福建建阳僧，宋初九僧之一，能诗能画。

《春江晚景》：是惠崇所作画名，共两幅，一幅是鸭戏图，一幅是飞雁图。钱钟书《宋诗选注》中为"晓景"。诸多注本，有用"晓景"，有用"晚景"，此从《东坡全集》及清以前注本用"晚景"。这两诗是作者元丰八年春天在靖江欲南返时江边情景的写照。

蒌蒿：草名，有青蒿、白蒿等种。《诗经》中有"呦呦鹿鸣，食野之蒿"。

芦芽：芦苇的幼芽，可食用。

河豚：鱼的一种，学名"鲀"，肉味鲜美，但是卵巢和肝脏有剧毒。产于我国沿海和一些内河。每年春天逆江而上，在淡水中产卵。

上：指逆江而上。

译文

竹林外两三枝桃花初放，鸭子在水中游戏，它们最先察觉了初春江水的回暖。河滩上已经满是蒌蒿，芦笋也开始抽芽，而河豚此时正要逆流而上，从大海回游到江河里来了。

赏析

这首题画诗再现了原画中的江南春天景色，同时又融入诗人合理的想象，与原画相得益彰。诗的开头两句紧紧抓住画面景物，又突出重点。竹林、桃花为江边之景：鸭子为江中之景，是画面的重心所在。"春江水暖"用"鸭先知"来加以表现，令人击节称叹。诗人在这里凭感觉和想象再现了暖融融的春意，移情于物，把画面无法表达的内容活灵活现地表现了出来。"蒌蒿满地芦芽短，正是河豚欲上时"，这两句中前者仍是画面之景，后者是出于诗人的想象。遍地蒌蒿，芦苇刚刚吐芽，点出正是江南二月。诗人正是看到画面上的蒌蒿和芦芽，才想到鲜嫩的河豚，合情合理。河豚生活在近海，每到春季江水上涨的时候，便逆江而上，在淡水中产卵，然后再游回到近海。江边人捕捉后，便拿到市场上去卖。这句诗虽然离开了画面，但仍写春江，题画而不拘泥于画。

这首诗有实有虚，虚实相生，不仅真实地再现了"春江晚景"，而且又通过想象弥补了所不能表现的内容，生动形象而又极富生活气息。

思维导图与记忆 标题联想定桩：55-火车：火车遇灰尘（惠崇）晚点（晚景），使得人们很不舒适（苏轼）。

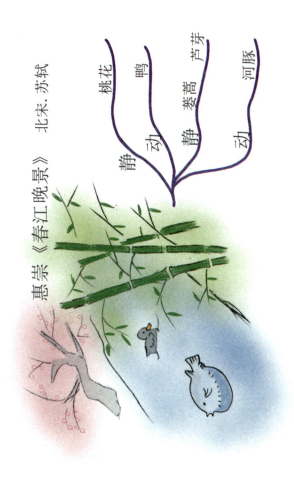

惠崇《春江晚景》 北宋·苏轼

- 桃花　静
- 鸭　　动
- 蒌蒿　静
- 芦芽
- 河豚　动

我的笔记

56　题西林壁

（北宋）苏轼

横看成岭侧成峰，
远近高低各不同。
不识庐山真面目，
只缘身在此山中。

注　释

题西林壁：写在西林寺的墙壁上。题：书写，题写。西林：西林寺，在江西庐山西麓。

横看：从正面看。庐山总是南北走向，横看就是从东面西面看。

不识：不能认识，辨别。

真面目：指庐山真实的景色、形状。

缘：因为；由于。

此山：这座山，指庐山。

译　文

从正面、侧面看庐山山岭连绵起伏、山峰耸立，从远处、近处、高处、低处看庐山，庐山呈现各种不同的样子。我之所以认不清庐山真正的面目，是因为我人身处庐山之中。

赏　析

这首诗不仅写出了庐山变幻多姿的风貌，而且将"当局者迷，旁边者清"寓于具体的形象之中，使感性与理性得到了完美的统一。

诗的开头两句实写游山所见。庐山是一座丘壑纵横、峰峦起伏的大山，游人所处的位置不同，看到的景物也各不相同。这两句概括而形象地写出了千姿百态的庐山风景。

后两句借景说理，谈游山的体会。为什么不能辨认庐山的真实面目呢？因为身在庐山之中，视野为庐山的峰峦所局限，看到的只是庐山的一峰一岭一丘一壑，局部而已，这必然带有片面性。游山所见如此，观察世上的事物也常如此。这两句诗有着丰富的内涵，它启迪人们为人处世的一个哲理：由于人们所处的地位不同，看问题的出发点不同，对客观事物的认识难免有一定的片面性；要认识事物的真相与全貌，必须超越狭小的范围，摆脱主观成见。

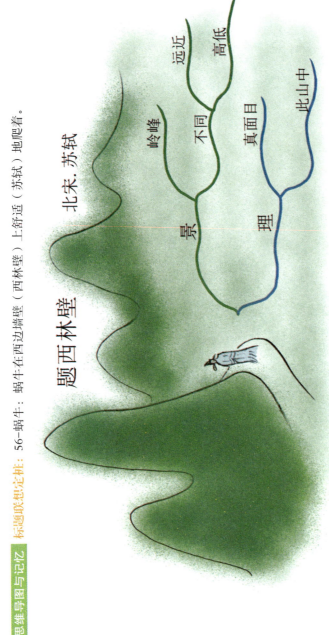

思维导图与记忆 标题联想定桩：56-蜗牛：蜗牛在西边墙壁（西林壁）上舒适（苏轼）地爬着。

题西林壁　北宋．苏轼

景　岭峰　不同　远近　高低

理　真面目　此山中

我的笔记

57　夏日绝句

（南宋）李清照

生当作人杰，
死亦为鬼雄。
至今思项羽，
不肯过江东。

注　释

人杰：人中的豪杰。汉高祖曾称赞开国功臣张良、萧何、韩信是
"人杰"。

鬼雄：鬼中的英雄。屈原《国殇》："身既死兮神以灵，子魂魄兮为
鬼雄。"

项羽：秦末时自立为西楚霸王，与刘邦争夺天下，在垓下之战中，兵败
自杀。

江东：项羽当初随叔父项梁起兵的地方。

译　文

生时应当做人中豪杰，死后也要做鬼中英雄。到今天人们还在怀念项羽，
因为他不肯苟且偷生，退回江东。

赏　析

这首诗写于金兵南侵，南宋王朝不思抗敌时，诗人借古讽今，以赞颂项羽
宁死不屈的英雄气概，讽刺了南宋统治者屈辱偷生、逃跑妥协的行径，表现了
诗人的爱国情怀。

诗的首句鲜明地提出了人生的价值取向：人活着就要做人中豪杰，为国家
建功立业；死也要为国捐躯，成为鬼中的英雄。爱国之情溢于言表，在当时的
确有振聋发聩的作用。但南宋统治者不管百姓死活，只顾自己逃命，抛弃中原

河山，只求苟且偷生。因此，诗人想起了项羽，项羽突围到乌江，乌江亭长劝他急速渡江，回到江东，重整旗鼓。项羽自觉无脸面对江东父老，便又回去苦战，杀死敌兵几百人，然后自刎。诗人鞭挞南宋当权派的无耻行径，借古讽今，正气凛然。

全诗仅二十个字，连用了三个典故，但毫无堆砌之感，真挚地反映了诗人的心声。

思维导图与记忆

标题联想定桩：57-武器：武器被夏日（夏日绝句）的阳光照（李清照）得发亮。

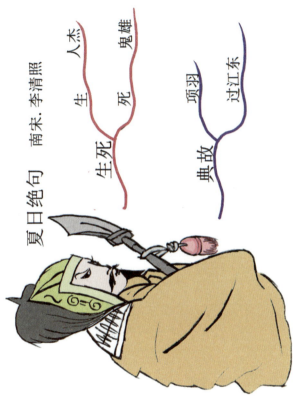

夏日绝句　南宋·李清照

生死 ── 生 ── 人杰
　　　　死 ── 鬼雄

典故 ── 项羽
　　　　过江东

我的笔记

58　三衢道中

（南宋）曾几

梅子黄时日日晴，
小溪泛尽却山行。
绿阴不减来时路，
添得黄鹂四五声。

注释

三衢道中：在去三衢州的道路上。三衢即衢州，在今浙江省常山县，因境内有三衢山而得名。

梅子黄时：指五月，梅子成熟的季节。

小溪泛尽：乘小船走到小溪的尽头。小溪，小河沟。泛，乘船。尽，尽头。

却山行：再走山间小路。却，再的意思。

绿阴：苍绿的树荫。阴，树荫。

不减：并没有少多少，差不多。

黄鹂：黄莺。

译文

梅子黄透了的时候，天天都是晴朗的好天气，乘小舟沿着小溪而行，走到了小溪的尽头，再改走山路继续前行。山路上苍翠的树，与来的时候一样浓密，深林丛中传来几声黄鹂的欢鸣声，比来时更增添了些幽趣。

赏析

诗写初夏时宁静的景色和诗人山行时轻松愉快的心情。首句点明此行的时间，"梅子黄时"正是江南梅雨时节（黄梅天），难得有这样"日日晴"的好天气，因此诗人的心情自然也为之一爽，游兴愈浓。诗人乘轻舟泛溪而行，溪尽而兴不尽，于是舍舟登岸，山路步行。一个"却"字，道出了他高涨的游兴。三四句紧承"山行"，写绿树荫浓，爽静宜人，更有黄鹂啼鸣，幽韵悦耳，渲染出诗人舒畅愉悦的情怀。"来时路"将此行悄然过渡到归程，"添得"二字则暗示出行归而兴致犹浓，故能注意到归途有黄鹂助兴，由此可见出此作构思之机巧、剪裁之精当。作者将一次平平常常的行程，写得错落有致，平中见奇，不仅写出了初夏的宜人风光，而且诗人的愉悦情状也栩栩如生，让人领略到平的意趣。

　　这首诗还有个特点，就是通过对比融入感情。诗将往年阴雨连绵的黄梅天与眼下的晴朗做对比；将来时的绿树及山林的幽静与眼前的绿树与黄莺叫声做对比，于是产生了起伏，引出了新意。全诗又全用景语，浑然天成，描绘了浙西山区初夏的秀丽景色；虽然没有铺写自己的感情，却在景物的描绘中锓入了自己愉快欢悦的心情。

思维导图与记忆　标题联想定桩：58-火把：一群人拿着火把在弯曲的道路中（三衢道中）行走真挤（曾儿）啊。

三衢道中
南宋. 曾几

归途
　绿阴
愉悦　黄鹂

出游
时间　梅子黄时
路线　小溪　山

我的笔记

59　示　儿

（南宋）陆游

死去元知万事空，
但悲不见九州同。
王师北定中原日，
家祭无忘告乃翁。

注 释

示儿：写给儿子们看。

元知：原本知道。元，通"原"。本来。

万事空：什么也没有了。

九州：这里代指宋代的中国。古代中国分为九州，所以常用九州指代中国。

同：统一。

王师：指南宋朝廷的军队。

北定：将北方平定。

中原：指淮河以北被金人侵占的地区。

家祭：祭祀家中先人。

无忘：不要忘记。

乃翁：你的父亲，指陆游自己。

译 文

我本来知道，当我死后，人间的一切就都和我无关了；但唯一使我痛心的，就是我没能亲眼看到祖国的统一。因此，当大宋军队收复了中原失地的那一天到来之时，你们举行家祭，千万别忘把这好消息告诉我！

赏 析

这首诗是南宋爱国诗人陆游的绝笔。全诗充满了强烈的爱国热情，表达了诗人一心希望收复失地、统一祖国的坚定信念。

　　诗的首句"死去元知万事空"，表明诗人即将离开人世，就什么都没有了，万事皆空，用不着牵挂了，紧接着第二句意思一转，"但悲不见九州同"，描写诗人的悲怆心境。此句诗意是诗人向儿子们交代他至死也无法排除的极大悲痛的心境，那就是为没有亲眼看到祖国的统一而深深感到遗憾。这一句中的"悲"字是句眼，诗人临终前悲怆的不是个人生死，而是没有看见祖国的统一，表明自己心有不甘，因为"不见九州同"。"悲"字深刻反映了诗人内心的悲哀、遗憾之情。第三句"王师北定中原日"，诗人以热切期望的语气表达了渴望收复失地的信念，表明诗人虽然沉痛，但并未绝望。诗人坚信总有一天宋朝的军队必定能平定中原，收复失地。有了这一句，诗的情调便由悲痛转化为激昂。最后一句"家祭无忘告乃翁"，情绪又一转，无奈自己已经看不到祖国统一的那一天，只好把希望寄托于后代子孙。于是深情地嘱咐儿子，在家祭时千万别忘记把"北定中原"的喜讯告诉你的父亲，表达了诗人坚定的信念和悲壮的心愿，充分体现了年迈无力的陆游爱国、报国之情，让读者从中受到感染，加深热爱祖国的情感。

思维导图与记忆 标题联想锁定桩：59-五角星：五角星展示给婴儿（示儿）玩，但五角星会漏油（陆游）。

示儿 南末·陆游

悲　万事空
九州同

北定
希
告乃翁

60 秋夜将晓出篱门迎凉有感

（南宋）陆游

三万里河东入海，
五千仞岳上摩天。
遗民泪尽胡尘里，
南望王师又一年。

注 释

三万里：长度，形容它的长，是虚指。

河：指黄河。

五千仞（rèn）：形容它的高。仞，古代计算长度的一种单位，周尺八尺或七尺，周尺一尺约合二十三厘米。

岳：指五岳之一西岳华山。黄河和华山都在金人占领区内。一说指北方泰、恒、嵩、华诸山。

摩天：迫近高天，形容极高。摩，摩擦、接触或触摸。

遗民：指在金占领区生活，却认同南宋王朝统治的汉族人民。

泪尽：眼泪流干了，形容十分悲惨、痛苦。

胡尘：指金人入侵中原，也指胡人骑兵的铁蹄践踏扬起的尘土和金朝的暴政。胡，中国古代对北方和西方少数民族的泛称。

南望：远眺南方。

王师：指宋朝的军队。

译 文

三万里长的黄河奔腾向东流入大海，五千仞高的华山耸入云霄直上摩天。中原人民在胡人压迫下眼泪已流尽，他们盼望王师北伐盼了一年又一年。

赏 析

在这首诗中，诗人热情地赞美了沦陷区的大好河山，对沦陷区百姓的痛苦予以极大的同情，而对南宋统治者不收复失地表示无比的愤慨。

"三万里河东入海，五千仞岳上摩天"，这两句描写了沦陷区祖国山河的壮美，充满了向往之情。黄河滚滚东流，一直流入大海；西岳华山高耸，直插云霄，诗人极力赞美祖国的山河。然而这美好的河山却一直被金人占领，字里行间流露出悲痛之情。

"遗民泪尽胡尘里，南望王师又一年"，这两句写沦陷区的百姓热切盼望收复失地的情景。沦陷区的百姓在金人的铁蹄下痛苦呻吟，他们的泪水已经流干了，他们多么想回到祖国的怀抱啊，然而年年盼望王师北伐，年年都注定失望。"泪尽""又"都是充满感情的词汇。南宋统治者奉行投降路线，置沦陷区百姓的死活于不顾，对此，诗人的感慨之情溢于言表。

思维导图与记忆

标题联想定桩：60-榴莲：榴莲长在篱笆门上（篱门），还会漏油（陆游）。

秋夜将晓出篱门迎凉

南宋·陆游

河　东入海

岳　上摩天

景

胡尘　泪尽

王师　南望

情

我的笔记

61 四时田园杂兴（其一）

（南宋）范成大

昼出耘田夜绩麻，
村庄儿女各当家。
童孙未解供耕织，
也傍桑阴学种瓜。

注 释

杂兴：随兴写来，没有固定题材的篇。

耘田：除草。

绩麻：把麻搓成线。

各当家：各人都担任一定的工作。

未解：不懂。

供：从事，参加。

译 文

白天到田里除草，晚上在家搓麻线，村里的男男女女，各人都有自己的农活做。孩子们还不会耕田织布，也在桑树下阴凉处学着种瓜。

赏 析

诗人用清新的笔调，对农村初夏时紧张的劳动气氛做了较为细腻的描写，读来意趣横生。

诗的首句是说：白天下田去除草，晚上搓麻线。初夏，稻田里的秧苗需要除草了，这是男人们干的活。"绩麻"是指妇女们在白天干完别的活后，晚上就搓麻线，再织成布。这句是直接描写劳动场面。次句指男女都没有空闲，各司其事，各管一行。三、四句写那些孩子们，他们不会耕也不会织布，却也不闲着。他们从小耳濡目染，喜爱劳动，于是在茂盛的桑树底下学种瓜。这是农

村中常见的现象，却颇有特色。末句表现了农村儿童的天真情趣。模仿是儿童的天性，农村孩子的游戏，也多是模仿大人的劳动。一个"学"字，透出儿童的天真活泼，极富生活情趣。诗中没有出现老师的形象，但称农夫农妇为"儿女"，称小孩为"童孙"，分明是老农的口吻，是一位老祖父眼中的农家乐事图。这里既有写实的成分，更蕴含着诗人对田园生活的向往。全诗语言通俗浅显，文笔清新轻巧，使人由景见情，给人以极美的艺术享受。

思维导图与记忆

标题联想定桩： 61-轮椅：轮椅在田园中推行（田园杂兴），盛了一大车饭（范成大）。

四时田园杂兴（其一）

南宋·范成大

耘田 ——— 各当家

绩麻

儿女

童孙 ——— 学种瓜

62   四时田园杂兴（其二）

（南宋）范成大

梅子金黄杏子肥，
麦花雪白菜花稀。
日长篱落无人过，
唯有蜻蜓蛱蝶飞。

注释

篱落：篱笆。

译文

一树树梅子变得金黄，杏子也越长越大了；荞麦花一片雪白，油菜花倒显得稀稀落落。白天长了，篱笆的影子随着太阳的升高变得越来越短，没有人经过；只有蜻蜓和蝴蝶绕着篱笆飞来飞去。

赏析

这首诗是写初夏江南的田园景色，表现了诗人对大自然和农村生活的热爱之情。诗的前两句描绘了梅树和杏树，以及荞麦花和油菜花同时开放的夏日景象。有花有果，有色有形，写出了梅黄杏肥，麦白菜稀，色彩鲜丽。诗的第三句，从侧面写出了农民劳动的情况：初夏农事正忙，农民早出晚归，所以白天很少见到行人。最后一句又以"唯有蜻蜓蛱蝶飞"来衬托村中的寂静，静中有动，显得更静。后两句写出了昼长人稀，蜓飞蝶舞，以动衬静，更衬托出夏日田间的宁静，也给田园平添了几分生机。

总之，本诗描绘了一派优美平和的夏日风光，流露出诗人的无限向往和赞美之情。全诗格调清新优美，朴实流畅。

思维导图与记忆 标题联想定桩：62-驴儿：驴儿在田园里被砸醒（田园杂兴），吃了一大碗饭（范成大）。

四时田园杂兴（其二） 南宋·范成大

梅子
杏子
麦花
菜花
篱落
无人
蜻蜓
蛱蝶

63 小 池

（南宋）杨万里

泉眼无声惜细流，
树阴照水爱晴柔。
小荷才露尖尖角，
早有蜻蜓立上头。

注 释

泉眼：泉水的出口。

惜：吝惜。

照水：映在水里。

晴柔：晴天里柔和的风光。

尖尖角：初出水端还没有舒展的荷叶尖端。

上头：上面，顶端。为了押韵，"头"不读轻声。

译 文

泉眼悄然无声是因舍不得细细的水流，树荫倒映水面是喜爱晴天和风的轻柔。娇嫩的小荷叶刚从水面露出尖尖的角，早有一只调皮的小蜻蜓立在它的上头。

赏 析

本诗描写了初夏来临的秀美景象，诗中选材紧扣题中的"小"字，符合小池的特色：池是小池，泉是细流，荷是小荷，一切都是小巧玲珑的，构成一幅生动的小池风物图，表现了大自然万物之间亲密和谐的关系，充满了生活情趣。

诗的开头两句，把读者带入了一个小巧精致、柔和宜人的境界之中，一道细流缓缓从泉眼中流出，没有一点儿声音；池畔的绿树在斜阳的照射下，将树荫投入水中，暗暗斑驳，清晰可见。一个"惜"字，化无情为有情，仿佛泉眼是因为爱惜涓滴，才让它无声地缓缓流淌；一个"爱"字，给绿树以生命，似乎它是喜欢这晴柔的风光，才以水为镜，展现自己的绰约风姿。三、四两句，诗人好像一位高明的摄影师，用快镜拍摄了一个妙趣横生的镜头："小荷才露尖尖角，早有蜻蜓立上头。"时许还未到盛夏，荷叶刚刚从水面露出一个尖尖角，一只小小的蜻蜓已经立在它的上头。一个"才露"，一个"早有"，前后照应，逼真地描绘出蜻蜓与荷叶相依相偎的情景。

思维导图与记忆 标题联想定桩：63-流沙：流沙流进了小池里，还被风吹得飞扬万里（杨万里）。

小池 南宋·杨万里

惜 — 泉眼 — 细流

爱 — 树阴 — 晴柔

立 — 蜻蜓

尖尖角 — 小荷 — 露

64 晓出净慈寺送林子方

（南宋）杨万里

毕竟西湖六月中，
风光不与四时同。
接天莲叶无穷碧，
映日荷花别样红。

注释

晓出：太阳刚刚升起。

净慈寺：全名"净慈报恩光孝禅寺"。净慈寺与灵隐寺为杭州西湖南北山两大著名佛寺。

林子方：作者的朋友，官居直阁秘书。

毕竟：到底。

六月中：六月的时候。

四时：春、夏、秋、冬四个季节。在这里指六月以外的其他时节。

接天：像与天空相接。

无穷：无边无际。无穷碧：因莲叶面积很广，似与天相接，故呈现无穷的碧绿。

映日：太阳映照。

别样：宋代俗语，特别，不一样。别样红：红得特别出色。

译文

到底是西湖六月天的景色，风光与其他季节确实不同。荷叶接天望不尽一片碧绿，阳光下荷花分外艳丽鲜红。

赏析

西湖美景历来是文人墨客描绘的对象，杨万里的这首诗以其独特的手法流传千古，值得细细品味。

　　诗的首句点名所叙的时间、地点，次句承上句概括六月西湖的风光与其他时令截然不同。诗人在此处设置悬念，以吸引读者的眼球，果然，接下来的两句，诗人用一"碧"、一"红"突出了莲叶和莲花给人的视觉带来的强烈冲击力，莲叶无边无际仿佛与天空相接，气象宏大，既写出莲叶的无边，又渲染了天地的壮阔，具有极其丰富的空间造型感。"映日"与"荷花"相衬，又使整幅画面绚烂生动。全诗明白晓畅，其过人之处就在于先写感受，再叙实景，以此造成一种先虚后实的效果，阅读之后，确实能令人感受到六月西湖"不与四时同"的美丽风光。

思维导图与记忆 **标题联想定桩：** 64-牛屎：牛屎在寺庙里送给了林子方，臭气飞扬万里（杨万里）。

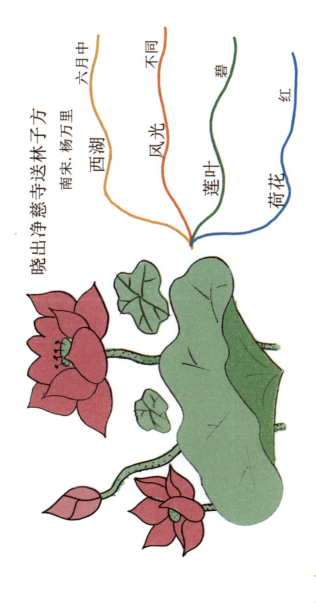

晓出净慈寺送林子方

南宋. 杨万里

西湖 —— 六月中

风光 —— 不同

莲叶 —— 碧

荷花 —— 红

我的笔记

65 春 日

（南宋）朱熹

胜日寻芳泗水滨，
无边光景一时新。
等闲识得东风面，
万紫千红总是春。

注 释

春日：春天。

胜日：天气晴朗的好日子，也可看出人的好心情。

寻芳：游春，踏青。

泗水：河名，在山东省。

滨：水边，河边。

等闲：平常、轻易。"等闲识得"是容易识别的意思。

东风：春风。

译 文

风和日丽游春在泗水之滨，无边无际的风光焕然一新。谁都可以看出春天的面貌，春风吹得百花开放、万紫千红，到处都是春天的景致。

赏 析

从字面上看，这首诗好像是写游春观感，实际上是一首寓理趣于形象之中的哲理诗。全诗通过描写泗水河边的美丽景象，赞美了春天无限的生命力，抒发了诗人热爱春天的思想感情，同时也表达了诗人奋发图强的远大志向。其中"万紫千红总是春"一句，准确地反映出了春天的特征，成为千古名句，常常被人用来形容一派生气勃勃的新气象。

诗的首句中"胜日"指晴日，点明天气。"泗水滨"点明地点。"寻芳"，即寻觅美好的春景，点明了主题。下面三句都是写"寻芳"的所见所得。次句写观赏春景中获得的初步印象。用"无边"形容视线所触及的全部风光景物。"一时新"，既写出春回大地，自然景物焕然一新，也写出了诗人郊游时耳目一新的欣喜感觉。第三句中的"识"字承首句中的"寻"字。"等闲识得"是说春天的面容与特征是很容易辨认的。"东风面"借指春天。第四句是说万紫千红的景象全是由春光点染而成的，人们从万紫千红中认识了春天。这就具体解答了为什么能"等闲识得东风面"。而此句的"万紫千红"又照应了第二句中的"光景一时新"。第三、四句是用形象的语言具体写出光景之新，寻芳所得。

思维导图与记忆 标题联想定桩：65-老虎：老虎在春天的时候喜欢躺在竹席（朱熹）上看风景。

春日　南宋·朱熹

寻芳

胜日

光景

所得

东风面

万紫千红

我的笔记

66 观书有感

（南宋）朱熹

半亩方塘一鉴开，
天光云影共徘徊。
问渠那得清如许？
为有源头活水来。

注 释

方塘：又称半亩塘，在福建尤溪城南郑义斋馆舍（后为南溪书院）内。

鉴：一说为古代用来盛水或冰的青铜大盆，也有学者认为是镜子，指像鉴（镜子）一样可以照人。

徘徊：来回移动。

渠：它，第三人称代词，这里指方塘之水。

那得：怎么会。那：通"哪"，怎么的意思。

清如许：这样清澈。如：如此，这样。清：清澈。

源头活水：比喻知识是不断更新和发展的，只有在人生的学习中不断地学习、运用和探索，才能使自己永葆先进和活力，就像水源头一样。

译 文

半亩大的方形池塘像一面镜子一样打开，清澈明净，天光、云影在水面上闪耀浮动。要问池塘里的水为何这样清澈呢？是因为有永不枯竭的源头源源不断地为它输送活水。

赏 析

这是一首借景寓理的名诗。从字面上看好像是一首关于风景的作品，实际上说的是读书对于一个人的重要性。这首诗包含着深刻的哲理，富有启发而又历久常新，寄托着诗人对读书人的殷切希望。诗的首句写半亩见方的池塘像镜子一样清澈明净，描绘了清雅的景色，"半亩"形容池塘的面积小，同时因书是方形的，所以将书比作"半亩方塘"又是丰富了文章内容，活跃了表达方式。第二句动静结合，天空的光色同云彩的倩影在塘中共同徘徊，渲染了宁静的画面，表达了诗人欢愉、舒畅的心情。第三、四句以设问句的形式抒发诗人的感叹、惊讶以及赞美，同时也让诗人身临其境，感触并思考着池塘如此澄澈透清的原因，使读者的情思融入文章，引起共鸣。这两句寓意深刻，将内心感觉化作可以感触的具体形象加以描绘，阐明了诗人独特的读书感受，也反映了艺术创作的本质。

思维导图与记忆 标题联想定桩：66-溜溜球：溜溜球砸到了躺在竹席（朱熹）上看书（观书）的人。

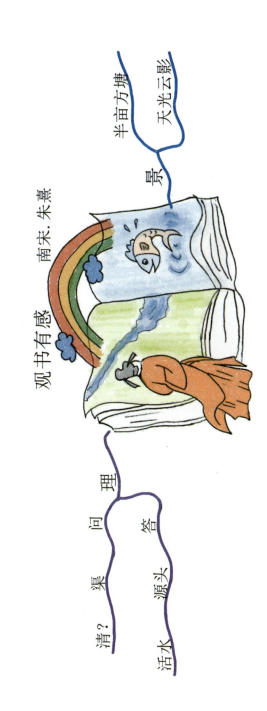

观书有感　南宋．朱熹

景
半亩方塘
天光云影

清？
渠
问
理
答
活水
源头

67　题临安邸

（南宋）林升

山外青山楼外楼，
西湖歌舞几时休？
暖风熏得游人醉，
直把杭州作汴州。

注释

临安：现在浙江杭州市，金人攻陷北宋首都汴京后，南宋统治者逃亡到南方，建都于临安。

邸（dǐ）：旅店。

几时休：什么时候休止。

熏（xūn）：吹，用于温暖馥郁的风。

直：简直。

汴州：即汴京，今河南开封市。

译文

青山无尽，楼阁连绵望不见头，西湖上的歌舞几时才能停休？暖洋洋的香风吹得贵人如醉，简直是把杭州当成了那汴州。

赏析

这是一首写在临安城一家旅店墙壁上的诗。诗的前两句抓住临安城的特征：重重叠叠的青山，鳞次栉比的楼台和无休止的轻歌曼舞，写出当年虚假的繁荣太平景象。诗人触景伤情，不禁长叹：西子湖畔这些消磨人们抗金斗志的淫靡歌舞，什么时候才能罢休？后两句是诗人进一步抒发自己的感慨。"暖风"一语双关，既指自然界的春风，又指社会上的淫靡之风。正是这股"暖风"把人们的头脑吹得如醉如迷，像喝醉了酒似的。"游人"不能理解为一般意义上的游客，而是特指那些忘了国难，苟且偷安，寻欢作乐的南宋统治阶级。其中"熏""醉"两字用得精妙无比，把那些纵情声色、祸国殃民的达官显贵的精神状态刻画得惟妙惟肖，跃然纸上。结尾直斥南宋当局忘了国恨家仇，简直把临时苟安的杭州当作了古都汴州，在辛辣的讽刺中蕴含了极大的愤怒和无穷的隐忧。

全诗构思巧妙，措辞精当。冷言冷语的讽刺，偏从热闹的场面写起，表达了诗人对统治者的不满和愤慨与忧国忧民的情怀。

思维导图与记忆 **标题联想定桩：** 67−淋漆：用油漆淋淋暗地（临安邸），却淋在身上（林升）。

我的笔记

68　游园不值

（南宋）叶绍翁

应怜屐齿印苍苔，
小扣柴扉久不开。
春色满园关不住，
一枝红杏出墙来。

注释

游园不值：想游园没能进门儿。值，遇到；不值，没得到机会。

应怜：大概是感到心疼吧。应，表示猜测；怜，怜惜。

屐（jī）齿：屐是木鞋，鞋底前后都有高跟儿，叫屐齿。

小扣：轻轻地敲门。扣，通"叩"。

柴扉（fēi）：用木柴、树枝编成的门。

译文

也许是园主担心我的木屐踩坏他那爱惜的青苔，轻轻地敲柴门，久久没有人来开。可是这满园的春色毕竟是关不住的，你看，那儿有一枝粉红色的杏花伸出墙头来。

赏析

这首诗写诗人春天游园观花的所见所感，写得十分形象有趣而又富丁哲理。开篇首先交代了诗人拜访朋友没有遇到主人，无法观赏园内迷人春色的失落与遗憾。写得诙谐幽默而又富有情趣，诗人故意将主人不在家说成是有意拒绝，这恰恰为下文做了铺垫。由于有了"应怜屐齿印苍苔，小扣柴扉久不开"的构想，才巧妙地引出后两句更新奇的想象。后两句诗形象鲜明，构思奇妙，拟人化了的"春色"和"红杏"，不仅形象鲜活生动，而且景中含情，情中寓理，使读者浮想联翩，获得人生哲理的启示——"春色"是任何人都关不住

的，"红杏"必然要"出墙来"向人们展示它的美丽与娇艳，并以它特有的方式昭示天下，春天已经来临。全诗采用了先抑后扬的写法。先是写"游园不值"，"小扣柴扉久不开"，诗人不得不索然而归，把情绪压向低谷。就在诗人打算离开之际，突然发现"一枝红杏出墙来"，于是诗人的情绪一下就上升到了顶峰，由抑到扬，悬念跌宕，耐人回味。

游园不值 南宋·叶绍翁

叶绍翁

屐齿 —— 怜

柴扉 —— 扣

春色 —— 关

红杏 —— 出

思维导图与记忆 标题联想定桩：68-喇叭：导游用喇叭讲解花园（游园）中的景点，遇到了一个老翁（叶绍翁）。

我的笔记

193

69　乡村四月

（南宋）翁卷

绿遍山原白满川，
子规声里雨如烟。
乡村四月闲人少，
才了蚕桑又插田。

注 释

山原：山陵和原野。

白满川：指稻田里的水色映着天光。川：平地。

子规：鸟名，杜鹃鸟。

才了：刚刚结束。

蚕桑：种桑养蚕。

插田：插秧。

译 文

山坡田野间草木茂盛，稻田里的水色与天光相辉映。天空中烟雨迷蒙，杜鹃声声啼叫，大地一片欣欣向荣的景象。四月到了，没有人闲着，刚刚结束了蚕桑的事，现在又要插秧了。

赏 析

这首诗以白描手法描绘了江南农村初夏的美丽风光。整首诗有静有动，绘声绘色，鲜明如画，诗人对乡村生活的热爱之情跃然纸上。诗的前两句着重写景：绿原、白川、子规、烟雨，寥寥几笔就把水乡初夏时特有的景色勾勒出来。描写初夏时节江南大地的景色，眼界是广阔的，笔触是细腻的，色调是鲜明的，意境是朦胧的，静动结合，有色有声。"子规声里雨如烟"如烟似雾的细雨好像是被子规的鸣叫唤来的，尤其富有境界感。后两句歌咏江南初夏的繁忙农事。采桑养蚕和插稻秧，是关系着衣和食的两大农事，现在正是忙季，家家户户都在忙碌不停。对"才了蚕桑又插秧"不可看得过实，不能简单地认为有人是先蚕桑后插田，有人是先插田后蚕桑，有人则只忙于其中一项。这句诗是化繁为简，勾画出乡村四月农家的忙碌气氛。至于不正面直说人们太忙，却说闲人很少，那是故意说得委婉一些，舒缓一些，为的是在人们的繁忙紧张中保持一种从容恬静的气度，而这从容恬静与前两句景物描写的水彩画式的朦胧色调是和谐统一的，前呼后应，交织成一幅色彩鲜明的图画。

思维导图与记忆 **标题联想定桩：** 69-牛角：牛喜欢把它的牛角泡在乡村的温泉（翁卷）里。

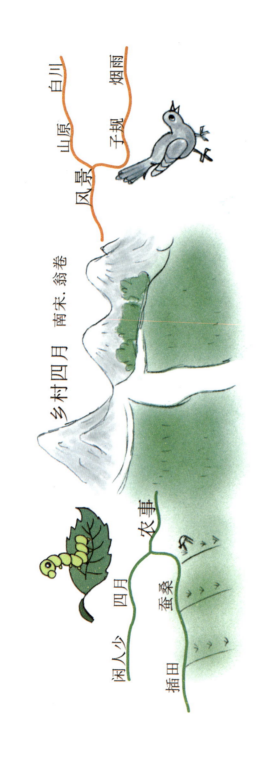

乡村四月 南宋·翁卷

风景
　山原　白川
　子规　烟雨

农事
　蚕桑　四月　闲人少
　插田

70 墨 梅

（元）王冕

吾家洗砚池头树，

朵朵花开淡墨痕。

不要人夸颜色好，

只留清气满乾坤。

注 释

墨梅：用墨笔勾勒出来的梅花。

吾家：我家。因王羲之与王冕同姓，所以王冕便认为王姓自是一家。

洗砚池：写字、画画后洗笔洗砚的池子。王羲之有"临池学书，池水尽黑"的传说。这里化用这个典故。

池头：池边。头：边上。

淡墨：水墨画中将墨色分为四种，如清墨、淡墨、浓墨、焦墨。这里是说那朵朵盛开的梅花，是用淡淡的墨迹点化成的。

痕：痕迹。

清气：梅花的清香之气。

满乾坤：弥漫在天地间。满：弥漫。乾坤：天地间。

译 文

我家洗砚池边有一棵梅树，朵朵开放的梅花都显出淡淡的墨痕。不需要别人夸它的颜色好看，只需要将梅花的清香之气弥漫在天地之间。

赏 析

这首诗将画格、诗格、人格有机地融为一体，表面上是在赞誉梅，实际上是赞赏自己的高尚情操，即不求索取、永为人间留香的美德。诗开头两句直接描写墨梅。画中小池边的梅树，花朵盛开，朵朵梅花都是用淡淡的墨水点染而成。三、四两句盛赞墨梅的高风亮节。它由淡墨画成，外表虽然并不娇艳，但具有神清骨秀、高洁端庄、幽独超逸的内在气质；它不想用鲜艳的色彩去吸引人，讨好人，求得人们的夸奖，只愿散发出一股清香，让它留在天地之间。这两句正是诗人的自我写照。王冕自幼家贫，白天放牛，晚上到佛寺长明灯下苦读，终于学得满腹经纶，而且能诗善画，多才多艺。但他屡考不中，又不愿巴结权贵，于是放弃功名利禄，归隐于家乡九里山。"不要人夸颜色好，只留清气满乾坤"两句，表现了诗人鄙薄流俗、独善其身、贞洁自守的品格。

标题联想定桩：70-麒麟：麒麟用墨梅做成王冠（王冕）戴在头上。

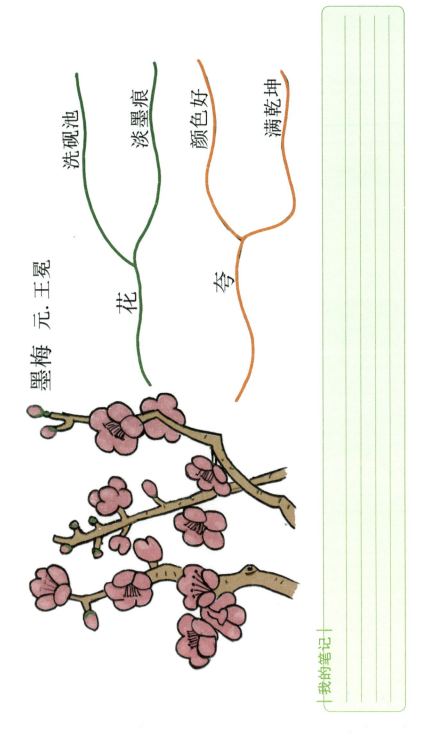

墨梅　元. 王冕

花　洗砚池　淡墨痕

萼　颜色好　满乾坤

我的笔记

71　石灰吟

（明）于谦

千锤万凿出深山，烈火焚烧若等闲，
粉身碎骨全不怕，要留清白在人间。

注 释

石灰吟：赞颂石灰。吟：吟颂，古代诗歌体裁的一种。

千锤万凿：无数次的锤击开凿，形容开采石灰非常艰难。千、万：虚词，
形容很多。锤：锤打。凿：开凿。

若等闲：好像很平常的事情。若：好像、好似；等闲：平常，轻松。

清白：指石灰洁白的本色，又比喻高尚的节操。

译 文

（石灰石）只有经过千万次锤打才能从深山里开采出来，它把熊熊烈火的
焚烧当作很平常的一件事。即使粉身碎骨也毫不惧怕，甘愿把一身清白留在人
世间。

赏 析

这是一首借物咏志的诗篇，诗中借歌咏石灰，表现了自己不畏艰难、坚贞
不屈的高尚精神。诗的首句是形容开采石灰石很不容易。次句中"烈火焚烧"
是指烧炼石灰石。加上"若等闲"三字，又使人感到不仅是在写烧炼石灰石，
它还象征着志士仁人无论面临着怎样严峻的考验，都从容不迫，视若等闲。第
三句中"粉骨碎身"极形象地写出将石灰石烧成石灰粉，而"全不怕"三字又
使我们联想到不怕牺牲的精神。最后一句更是诗人直抒情怀，立志要做纯洁清
白的人，以石灰为喻，托物言志，读来让人感到胸襟博大，给人们以深刻的
启迪。

思维导图与记忆 标题联想定桩：71-机翼：机翼上落满了石灰，在下雨前（于谦）都不冲洗。

石灰吟　明. 于谦

借物
　开采　深山
　焚烧　烈火

咏志
考验
　粉身碎骨
　清白
立志

高效记忆古诗词

72 竹 石

（清）郑燮

咬定青山不放松，
立根原在破岩中。
千磨万击还坚劲，
任尔东西南北风。

注 释

竹石：扎根在石缝中的竹子。诗人是著名画家，他画的竹子特别有名，这是他题写在竹石画上的一首诗。

咬定：比喻根扎得结实，像咬着青山不松口一样。

立根：扎根，生根。

原：本来，原本，原来。

破岩：裂开的山岩，即岩石的缝隙。

磨：折磨，挫折，磨炼。

击：打击。

坚劲：坚强有力。

任：任凭，无论，不管。

尔：你。

译 文

竹子抓住青山一点也不放松，它的根牢牢地扎在岩石缝中。经历成千上万次的折磨和打击，它依然那么坚强，不管是酷暑的东南风，还是严冬的西北风，它都能经受得住，还会依然坚韧挺拔。

赏 析

这是一首题画诗，也是一首咏物诗，着力表现了竹子那顽强而又执着的品质。诗的开头用"咬定"二字，把岩竹拟人化，传达出它的神韵；后两句进一步写岩竹的品格，它经过了无数次的磨难，长就了一身特别挺拔的姿态，从来不惧怕来自东西南北的狂风。这首诗纯粹是写景，但又绝不是自然景物的写生和翻版。这个画面有鲜明的象征意义，乱崖恶风压制摧残着竹子的生长，由此联想到封建王朝的残酷统治，这不正是当时社会环境的象征吗？竹子"咬"住青山，扎根乱崖，挺立风中，虽经千磨万击，不管是在炎夏还是残冬，仍然节节向上，傲然屹立，这不正是诗人那种不屈不挠的高尚人格的映射吗？乱崖恶风是凶残的，但在恶势力的摧残中，竹子不仅没有屈服，反而更加坚劲挺拔。从这强烈的对比中，我们可以明显感受到那种刚强人格的崇高赞美。所以这首诗表面上写竹，其实是写人，写诗人自己那种正直倔强的性格，绝不向任何邪恶势力低头的高傲风骨。

思维导图与记忆 标题联想定桩: 72-企鹅: 企鹅的主食(竹石)是蒸蟹(郑燮)。

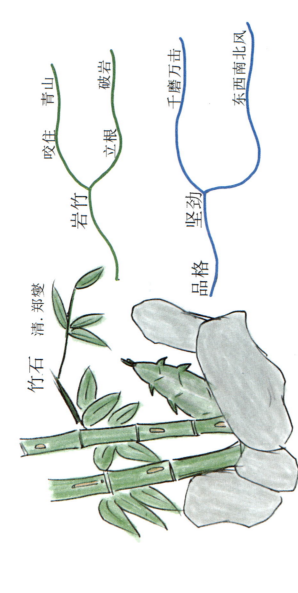

竹石　清·郑燮

岩竹
咬住　青山
立根　破岩

品格
坚劲
千磨万击
东西南北风

我的笔记

73　所　见

（清）袁枚

牧童骑黄牛，
歌声振林樾。
意欲捕鸣蝉，
忽然闭口立。

注释

牧童：指放牛的孩子。

振：振荡；回荡。说明牧童的歌声嘹亮。

林樾（yuè）：指道旁成荫的树。

欲：想要。

捕：捉。

鸣：叫。

译文

牧童骑在黄牛背上，嘹亮的歌声在林中回荡。忽然想要捕捉树上鸣叫的知了，就马上停止唱歌，一声不响地站立在树旁。

赏析

这首诗描写了夏日牧童捕蝉的场面，犹如电影中的特写镜头：一个顽皮而可爱的牧童，骑着牛唱着歌，悠然自得，突然发现一只鸣蝉，歌声戛然而止，并紧绷双唇，注目而视，决心把它捉住。全诗以白描手法，紧紧抓住小牧童刹那间的表现，生动、形象地写出小牧童非常机灵的特点，让人倍觉小牧童的纯真可爱。

第一句写牧童的神态动作，第二句写牧童的嘹亮歌声，这两句描写了牧童的活泼性格和愉快心情。第三句写牧童的心理活动，第四句用"忽然"一词戛

然转折，由动入静。"闭"与"立"是同时产生的两个动作，一闭一立，使一切安静下来，而且静到了万籁俱寂的程度。这两句一起突出了牧童的机敏。诗的前三句写动，后一句写静，由动变静，静中藏动。"立"的外形是静，而内在有动，牧童静静地"立"在那儿，但心里却在不断盘算着如何捉住知了。全诗没有奇特的词句，完全运用白描的手法，逼真地刻画出牧童天真烂漫、活泼可爱的形态。由此可见，诗人驾驭语言的能力是很高超的。

思维导图与记忆 标题联想定桩：73—鸡蛋：鸡蛋给我们所见到的都是圆圆的一枚（袁枚）。

所见 清·袁枚

见
- 骑黄牛
- 歌声 ｝动
- 捕鸣蝉

闻
意
立 闭口 ｝静

我的笔记

207

74 村 居

（清）高鼎

草长莺飞二月天，拂堤杨柳醉春烟。
儿童散学归来早，忙趁东风放纸鸢。

注 释

村居：在乡村里居住时见到的景象。

拂堤杨柳：像杨柳一样抚摸堤岸。

醉：迷醉，陶醉。

春烟：春天水泽、草木间蒸发形成的烟雾般的水汽。

纸鸢：泛指风筝，它是一种纸做的形状像老鹰的风筝。鸢：老鹰。

译 文

农历二月，村子前后的青草已经渐渐发芽生长，黄莺飞来飞去。杨柳披着长长的绿枝条，随风摆动，好像在轻轻地抚摸着堤岸。在水泽和草木间蒸发的水汽，如同烟雾般凝集着，杨柳似乎都陶醉在这浓丽的景色中。村里的孩子们放了学急忙跑回家，趁着东风把风筝放上蓝天。

赏 析

这首诗情景交融，描绘了江南农村春光明媚的景象，同时又充满了孩童愉快的生活气息。整首诗写出了春日的情致之美，有人有景，有情有趣，有静有冬，不愧为清代儿童诗篇中的佳作。

诗的前两句写时间和自然景物。早春二月，小草长出了嫩绿的芽儿，黄莺在天上飞着，欢快地歌唱。堤旁的柳树长长的枝条，轻轻地拂过堤面，仿佛在春天的烟雾里被吹得直摇晃。后两句写的是人物活动。孩子们放学回来得早，趁着刮起的东风放起了风筝。儿童、东风、纸鸢，诗人选写的人和事为美好的春光平添了几分生机和希望。

思维导图与记忆 标题联想定桩：74–骑士：骑士骑马经过村居委会（村居），感觉是在高高的顶上（高鼎）。

村居

清·高鼎

景物

草莺

柳

烟

活动

儿童

纸鸢

我的笔记

75 己亥杂诗

（清）龚自珍

九州生气恃风雷，
万马齐喑究可哀。
我劝天公重抖擞，
不拘一格降人才。

注 释

九州：中国的别称之一。

万马齐喑：所有的马都变哑了，比喻社会毫无生气。喑，哑。

究：毕竟。

天公：老天爷。

抖擞：振奋精神。

降：降生。

译 文

只有狂雷炸响般的巨大力量才能使中国大地发出勃勃生机，然而社会政局毫无生气终究是一种悲哀。

我奉劝上天要重新振作精神，打破一切清规戒律去选用。

赏 析

这是一首出色的政治诗，是龚自珍《己亥杂诗》中最突出的一首，最能体现诗人的精神及对时代的要求。全诗层次清晰，共分三个层次：第一层，写了万马齐喑，死气沉沉的现实社会。第二层，诗人指出了要改变这种沉闷、腐朽的现状，就必须依靠风雷激荡般巨大的力量，暗喻必须经历波澜壮阔的社会变革才能使中国变得生机勃勃。第三层，诗人认为这样的力量来源于人才，而朝廷所应该做的就是破格荐用人才。只有这样，中国才有希望。诗中"九州""风雷""万马""天公"这样具有壮伟特征的主观意象，寓意深刻，气势磅礴。

诗人在召唤着巨大的社会变革风雷的到来，期待着生气勃勃的新局面出现。新局面是不可能自动出现的，它要依靠人才去破坏旧世界，缔造新世界，而人才需求多种多样，不应被拘泥于条条框框里面。这首诗的重心，前半部分提出了"生气"问题，后半部分提出了人才的"不拘一格"问题，这是个新问题，诗人要求人们去重新考虑，振奋起来，以达到改造世界的目的，本诗的启迪意义就在于此。

思维导图与记忆 | 标题联想定桩：75-蜘蛛：蜘蛛网住了几只害虫（己亥），供自己蒸了吃（龚自珍）。

己亥杂诗 清·龚自珍

现状
九州
生气
万马
齐暗

抖擞
天公
希望
人才
不拘一格

我的笔记

212